Katharina Wille-Gut
Leben an der Goldküste

Katharina Wille-Gut

Leben an der Goldküste

Aus dem Tagebuch
einer Privilegierten

Roman · Zytglogge

Jede Ähnlichkeit mit tatsächlich existierenden Personen oder Ereignissen ist rein zufällig – aber durchaus möglich.

Alle Rechte vorbehalten
Copyright by Zytglogge Verlag, 2004

Lektorat	Bettina Kaelin
Satz und Gestaltung	Zytglogge Verlag
Druck	fgb · freiburger graphische betriebe
	www.fgb.de

ISBN 3-7296-0684-0

Zytglogge Verlag, Schoren 7, CH-3653 Oberhofen am Thunersee
info@zytglogge.ch · www.zytglogge.ch

Personenverzeichnis

Nina, 41, lebt zusammen mit ihrem Mann Eric, geborener Erich, 47, und den Kindern Lara, 12, und Marc, 10, in einem grosszügigen Landhaus an erhöhter Lage in einer wohlhabenden Goldküstengemeinde. Ihre Lieblingsbeschäftigung ist Shopping.

Isabel, 38, ist eine Studienfreundin von Nina, die jetzt aber mit Mann Randolph und Kindern in Australien lebt. Als Gastarbeiterkind sieht Isa, wie Nina sie nennt, manches mit anderen Augen als Nina – was Letztere aber durchaus zu schätzen weiss.

Eliza, 44, betrachtet sich als Alleinerziehende ihres Sohnes Luca, 9, denn ihr Ehemann ist aus beruflichen Gründen oft tage- oder auch wochenweise abwesend. Luca besucht eine Tagesschule und wird in der übrigen Zeit von der Haushälterin betreut. Eliza ist nämlich seit Jahren mit einer Weiterbildung beschäftigt – ein Abschluss ist nicht abzusehen.

Barbara, 41, nennt sich Kiki, ist verheiratet und Mutter der beiden Teenager Gregor und Tibor, die von einem Au-pair betreut werden, das kaum älter ist als die beiden Buben. Hauptbeschäftigung von Barbara sind die Golfstunden mit immer wieder wechselnden knackig jungen Golflehrern. Im Übrigen verbringt sie viel Zeit mit den Kindern oder auch ohne sie in ihrer Villa in Antibes oder im Chalet in Gstaad.

Claudia, 39, hat eine sechsjährige Tochter, Zoe, und einen ungetreuen Ehemann, den Christian. Als Entschädigung für seine regelmässigen Seitensprünge hat er ihr ein Innendekorations-Geschäft eingerichtet, das sie nach anfänglicher Begeisterung aber eher nachlässig betreibt. Für Zoe hat sie eine echte amerikanische Nanny eingestellt.

Katja, 43, ist verheiratet und hat vier Kinder, Cécile, Constance, Catherine und Jean-Cédric, den lang ersehnten Stammhalter. Auch sie hat allerhand Personal, aber sie kümmert sich hingebungsvoll um ihre Kinder – zumindest was deren Kleidung und optimale schulische Förderung betrifft.

Dr. Stephan Lasalle, 54, therapiert die verschiedenen kleineren oder grösseren Macken der High Society an der Goldküste und geniesst den Ruf, einer der besten zu sein. Seine Visitenkarte wird mit der gleichen Begeisterung weitergegeben wie diejenige eines Starcoiffeurs.

1

«Es reicht!» Die Bankauszüge flattern auf den gläsernen Couchtisch, auf welchem der allabendliche Apéro steht. Erics Gesicht ist gerötet, die höher werdende Stirn glänzt, und er wirkt trotz Massanzug, Designerhemd und der dezent gemusterten Seidenkrawatte ziemlich ausser sich. Nina hat ihn in den fünfzehn Jahren, die sie ihn kennt, noch nie so wütend gesehen.

«Du hast es doch tatsächlich geschafft, innert einem Monat mehr auszugeben, als meine Sekretärin in einem halben Jahr verdient.» Und das ist ein ziemliches Sümmchen bei Eric, der als erfolgreicher Vermögensverwalter immer wieder betont, wie ausgesprochen grosszügig er seine «Leute» entlöhnt. Doch während er das Geld und dessen Vermehrung zu seinem Beruf gemacht hat, besteht Ninas Hauptbeschäftigung darin, dieses mit vollen Händen wieder unters Volk zu bringen. Wie Eric ihre diversen Konten auffüllt, interessiert sie wenig; Hauptsache, sie hat jederzeit Zugriff. Auf Preisschilder achtet sie nicht – zumal diese in den Läden, in welchen sie ein- und ausgeht, entweder fehlen oder so diskret angebracht sind, dass man sie leicht übersehen kann. Zwar lassen die Diskussionen um ihren saloppen Umgang mit Geld immer mal wieder den Hausfrieden in Schieflage geraten, doch Nina hat das bisher nicht allzu ernst genommen. Sie ist davon ausgegangen, dass solche Auseinandersetzungen in ihren Kreisen üblich sind und zur Profilierung der Männer als Ernährer dienen. Richtig böse Worte sind bisher jedenfalls nicht gefallen, da Eric in der Regel ein sehr ausgeglichener, kontrollierter

Mensch ist, der selten zu einem Gefühlsüberschwang – in welche Richtung auch immer – neigt. Und wenn er sich mal aufregt, dann höchstens über sinkende Aktienkurse oder unfähige Mitarbeiter; das hat mit ihr ja nichts zu tun.

Aber diesmal ist es anders. Ganz eindeutig ist sie oder vielmehr ihr Verhalten Grund für sein ungewohnt barsches Auftreten.

Doch so schnell lässt sich Nina nicht einschüchtern.

Angriff ist die beste Verteidigung, sagt sie sich, nimmt einen kräftigen Schluck Veuve Cliquot und legt los: «Du hast ja keine Ahnung, wie viel heutzutage alles kostet. Das Essen, die Kleider der Kinder, ihre Klavierstunden ...»

«Essen? Klavierstunden? Seit wann kaufen wir unser Essen bei Chanel? Und die Klavierstunden? Nehmen die die Kinder vielleicht bei Dolce & Gabbana?» Eric springt aus dem Corbusier-Sessel auf und fängt an, vor dem Flügel hin- und herzutigern.

«Na ja, eine Kleinigkeit muss ich ja auch für mich kaufen, schliesslich legst du doch Wert darauf, dass ich gut aussehe, oder?», versucht es Nina nun auf die sanfte Tour.

«Du siehst auch in einem deiner fünfhundert anderen Fummel gut aus. Zu deinem 41. Geburtstag – und das ist noch keine zwei Monate her – habe ich doch extra das Ankleidezimmer vergrössern lassen, weil du immer darüber gejammert hast, dass du keinen Platz für all deine Kleider hast, also, was soll das?»

Und dann beginnt er, ihr eine Kreditkartenbelastung nach der anderen unter die Nase zu reiben: «Bally-Schuhe Fr. 1670.–, Globus Fr. 1436.–, Grieder Les Boutiques Fr. 1740.–, Bijouterie Bucherer Fr. 1750.–, Burger Fr. 784.–,

Tiffany Fr. 1250.–, Parfümerie Koller Fr. 654.90, Globus Fr. 984.–, Tod's 1345.–, Louis Vuitton 1805.–, Rudolf Haene Coiffure 520.–, Kowä Fr. 953.–, Prada Fr. 2450.–, Donna Karan Fr. 1150.–, Sibler Fr. 3450.–, – was war denn das?»

«Da habe ich doch diese tolle Espresso-Kaffeemaschine gekauft, die so gut auf die neue Anrichte in der Küche passt.»

«Aber wir hatten doch bereits eine Kaffeemaschine! Die hattest du ja extra per Kurier aus Italien kommen lassen, weil sie angeblich den besten Espresso der Welt macht – behauptete jedenfalls irgendeine deiner Freundinnen.»

«Ja, das stimmt schon, aber die machte sich auf der Anrichte längst nicht so gut wie die neue. Wenn du dich auch nur ein einziges Mal in die Küche bemühen würdest, dann wäre dir das sofort aufgefallen.»

Eric gibt entnervt auf, wirft die restlichen Bankbelege auf das Silbertableau auf dem Sideboard und greift zu seinem Glas. Dann stellt er sich vor das Panoramafenster, das auf die Terrasse führt, und schaut hinaus auf den See. Die herrliche Sicht auf den Zürichsee hat sich Eric einiges kosten lassen, denn an der Goldküste gilt: je prächtiger die Seesicht, desto höher die Grundstückpreise.

Um draussen zu sitzen, ist es noch zu kühl, obwohl sich bereits erste Frühlingsboten rund um die Terrasse angekündigt haben. Dafür sorgt jeweils der Gärtner, der den Garten aus dem Winterschlaf erweckt, indem er unzählige Frühblüher wie Primeln und Osterglocken pflanzt und nach rund einem Monat wieder ausgräbt, um Platz für Tulpen und Narzissen zu schaffen. Eric findet diese Frühlings-Aktion zwar völlig überflüssig, aber Nina behauptet, sie bekäme eine Depression, wenn sie jetzt anfangs März ständig in den kahlen Garten schauen müsse.

Demnächst wird der Gärtner zusammen mit der Haushälterin auch das Gartenmobiliar wieder aus dem Geräteraum holen – wenn Nina nicht inzwischen bei Garpa eine komplett neue Gartenmöblierung bestellt hat, weil sie die alte zu schäbig findet. Er hingegen mag die sonnengebleichten Teakholzmöbel, die mit den dicken Kissen zum Entspannen einladen und zusammen mit den Terracotta-Töpfen aus der Toscana der Terrasse einen mediterranen Touch verleihen.

Nebst der Terrasse gibt es im weitläufigen Garten verschiedenste Orte zum Verweilen: An heissen Tagen bieten schmiedeiserne Stühle und ein runder Tisch ein schattiges Plätzchen unter dem alten Nussbaum. Und wer sich nach einem Bad im Pool wieder aufwärmen will, für den stehen vier Deckchairs aus Aluminium mit den passenden Beistelltischchen zur Verfügung. Diese werden auch recht häufig genutzt – was man vom Pool nicht behaupten kann, seit die Kinder aus dem Planschalter heraus sind. Nina schwimmt praktisch nie, weil das ihre Frisur ruiniert, und Eric spielt in seiner freien Zeit lieber Golf.

Schliesslich gibt es noch den Tisch aus einer riesigen Sandsteinplatte und die langen Bänke um den gemauerten Grill. Das war damals eine sehr aufwändige Sache, noch Jahre später hat man ärgerlicherweise im Rasen die Eindrücke sehen können, die der Kranwagen hinterliess, der die Platten für den Tisch und die Bänke angeliefert hat. Dabei wird eigentlich gar nie gegrillt.

«Jedenfalls geht das so nicht weiter», sagt Eric nun in einem Tonfall, in welchem er Janus, den Hund, den sie früher mal hatten, immer wieder dazu gebracht hat, ‹Sitz› oder ‹Platz› zu machen. Allerdings war Janus nicht gerade der Klügste, und als ihn anlässlich einer Party ein paar Geschäftsfreunde mit in feinstem Parmaschinken eingewickelten Eiswürfeln fütterten, frass er derart viel davon, dass er nach ein paar heftigen Bauchkrämpfen eine Woche später das Zeitliche segnete. Nina war ganz froh darüber, denn sein Magen-Darm-System war bereits vor der Geschichte mit den Eiswürfeln ständig angegriffen und störte ihren Sinn für Hygiene – wenn auch niemals sie es war, die die Spuren seiner Unpässlichkeiten entfernen musste.

«Jetzt versuch doch auch mal, dich in meine Situation zu versetzen. Da will ich nichts Böses ahnend bei Gucci dieses wunderbare aquamarinblaue Twinset» – den dazu passenden Schal verschweigt sie wohlweislich, umso mehr, als sie eigentlich gar keine Schals trägt, weil sie ja im Gegensatz zu einigen ihrer Freundinnen auch noch keine Falten an Hals und Dekolleté zu verbergen hat – «mit der Goldcard bezahlen. Aber das Gerät nimmt sie nicht an. Ich lästere bereits über die Unzulänglichkeiten der Technik, da stellt sich heraus, dass meine Karte *gesperrt* ist. So eine Blamage! Du hättest die Verkäuferinnen sehen sollen: Normalerweise rollen sie den roten Teppich aus, wenn ich ihren Laden betrete. Und nun haben sie mich behandelt, als wäre ich ein Nichts oder schlimmer noch: eine Ladendiebin, die gerade noch rechtzeitig ertappt wurde. Ich kann mich dort unmöglich je wieder blicken lassen.»

Nina ist schon versucht, ein paar Tränen zu simulieren, da unterbricht Eric sie scharf.

«Umso besser. Damit haben wir in Zukunft schon einen Posten weniger auf der Kreditkartenabrechnung.»

«Natürlich bin ich sofort zur Bank gegangen, um das Missverständnis zu klären. Dort aber hat mir ein junger Schnösel …»

«Ein ehrgeiziger junger Mann, der sein Geld mit ehrlicher *Arbeit* verdient.»

« … so ein junger Schnösel erklärt, dass ich auf deine Anweisung hin bis auf weiteres weder Kredit noch Bargeld bekomme.»

Jetzt ist sie tatsächlich den Tränen nahe, hofft aber immer noch, dass Eric sich da vielleicht nur ein kleines Scherzchen erlaubt hat oder es sich vielleicht doch um ein Missverständnis handelt. Doch dem ist nicht so.

«Ich habe es satt, dein Dauer-Shopping durch die Früchte meiner Arbeit» – jetzt wird er ein bisschen pathetisch, was ihm gar nicht schlecht steht – «zu finanzieren.»

«Und was soll ich unseren Kindern zum Essen vorsetzen, was sollen sie anziehen? Werden wir uns alle von trockenem Brot ernähren und in Lumpen kleiden müssen?»

Auch Nina versteht es, im rechten Moment ein bisschen Dramatik in die Diskussion zu bringen. Doch damit bringt sie Eric nur noch mehr in Rage. Ganz entgegen seiner Gepflogenheiten wird er sogar richtig laut.

«Jetzt mach mal einen Punkt!», sagt er und haut mit der flachen Hand auf den breiten, marmornen Fenstersims. «Kleider haben wir alle weiss Gott genug, und das Essen kaufst du ohnehin auf Monatsrechnung bei ‹Oggenfuss›.»

Aber Nina lässt nicht locker: «Und wenn ich mit Eliza, Kiki oder Katja zum Lunch gehe, soll ich mich da etwa einladen lassen?»

Dieser Einwand bringt Eric kurz aus dem Konzept.

Was, wenn Nina tatsächlich die mittellose Ehefrau spielen würde und sich von ihren klatschsüchtigen Freundinnen aushalten liesse? Dann würde nicht nur an der ganzen Goldküste, sondern auch in der Geschäftswelt sofort das Gerücht die Runde machen, er stecke in finanziellen Nöten – und was das für einen 47-jährigen Vermögensberater mit eigenem Unternehmen heisst, möchte er sich gar nicht erst detailliert ausmalen. Aber so weit wird er es nicht kommen lassen.

«Nein, ich schlage vor, dass du mal wieder zu Hause isst, zusammen mit den Kindern.»

Mit den Kindern Mittag essen? Für Nina ist das eine ganz seltsame Vorstellung. Seit sie die Haushälterin, Frau Molinari, vor zwölf Jahren angestellt hat, ist diese für das Essen der Kinder zuständig. Sie ist es, die ihnen jeden Mittag etwas aus ihrem reichhaltigen Repertoire an feiner italienischer Küche kocht. Um gar nicht erst in Versuchung zu geraten und damit ihre Dauerdiät zu gefährden, verlässt Nina meistens kurz vor Mittag das Haus, um Freundinnen zu treffen, sich die Haare machen zu lassen, oder eben, um auf Einkaufstour zu gehen.

In den letzten paar Jahren ist sie nur ein paar wenige Male während des Essens zu Hause gewesen, und dabei ist sie sich wie ein Störfaktor vorgekommen, fast schon ein bisschen wie ein ungebetener Gast in ihrer eigenen Küche. Dabei wäre sie gerne noch ein bisschen geblieben, und sei es nur, weil es so fein nach italienischen Kräutern, Knoblauch und frischer Pasta gerochen hat. Aber es ist ihr auch peinlich gewesen, dass bei ihrem Erscheinen das fröhliche

Plaudern der drei verstummt ist, und so hat sie es in Zukunft vermieden, am Mittag überhaupt die Küche zu betreten. Und jetzt soll sie plötzlich mittags zusammen mit den Kindern am Tisch sitzen? Worüber sollen sie sich denn unterhalten? Natürlich interessiert sich Nina für das Wohlergehen ihrer Kinder, aber muss sie deswegen mit ihnen zusammen essen? Demnächst wird sie einundvierzig, und um einigermassen in Form zu bleiben, hat sie ihre Kalorienzufuhr bereits vor Jahren auf ein Minimum reduziert. Und da soll sie mit knurrendem Magen zusehen, wie sich Marc und Lara mit Frau Molinaris feinen Mahlzeiten die Bäuche voll schlagen? Mit den Spaghetti all'arrabbiata? Den Involtini mit Risotto? Oder den selbst gemachten Spargel-Ravioli? Nein danke, das wäre ja nicht zum Aushalten. Womöglich würde sie noch aus lauter Frust mitessen und beim Shopping bald in der Abteilung ‹Grosse Grössen› landen.

«Also, und wie soll es in Zukunft weitergehen?», lenkt Nina ab.

Eric streicht sich sein nicht mehr ganz schwarzes und nicht mehr ganz volles Haar, das er seit neustem gerne etwas länger trägt, zurück.

«Erst wenn du von deiner Shopping-Sucht geheilt bist, bekommst du deine Karte wieder.»

«Sucht? Geheilt? Willst du etwa behaupten, ich sei krank oder was?»

Nina springt auf und klackert mit ihren Prada-Slippern wütend übers Parkett. Dann starrt sie Eric an und tobt los.

«Ich gebe mir alle Mühe, dass die ganze Familie gepflegt daherkommt, dass im Haus alles comme il faut aussieht und ich selbst jederzeit präsentabel bin. Und was ist der

Dank? Du stellst mich vor den jungen Tüpfi von Verkäuferinnen und dem Schnösel von der Bank bloss, blamierst mich bis auf die Knochen und stempelst mich nun gar als verrückt ab!»

«Du übertreibst, meine Gute. Was du in deiner viel zu grosszügigen Freizeit betreibst, ist Shopping-Sucht pur. Und das hat jetzt ein Ende.»

Sein gönnerhafter Ton geht Nina gewaltig auf die Nerven, aber sie versucht, sich wieder etwas zu beruhigen, denn langsam sieht sie ihre Felle davonschwimmen, wie man so schön sagt, auch wenn diese jeweils anfangs März vom Kürschner abgeholt und im Kühlhaus eingelagert werden.

«Was willst du damit sagen?»

«Ab sofort wirst du dich professionell behandeln lassen, und zwar bei Dr. Lasalle.»

«Dr. Lasalle? *Der* Dr. Lasalle, der die ess-brechsüchtige Tochter von Peter therapiert und bei dem die Frau dieses Werbers – wie heisst sie schon wieder? –, die oben an der Weinhalde wohnt, versucht, von der Flasche wegzukommen? Glaubst du wirklich, dass ich da hingehe?»

Eric zieht leicht die Brauen hoch und schaut sie an, als wäre sie ein störrisches Kind, dem man die Dinge halt zweimal erklären muss.

«Wenn du deine Goldcard wieder zurückhaben willst, wirst du dich wohl oder übel bei Dr. Lasalle um einen Termin bemühen und dich einer Therapie unterziehen müssen. Erst wenn du dein Problem in den Griff bekommen hast, kannst du wieder frei über ‹dein› Geld verfügen.»

Das trifft Nina nun wirklich wie ein Hammer. Kein eigenes Geld, keine Karte, keine Konti – was fällt dem eigentlich ein? Ihr Adrenalinspiegel steigt auf ungeahnte Höhen.

«Das kannst du nun wirklich nicht machen. Ich bin doch nicht deine unmündige Tochter, die mal eben beim Joint-rauchen erwischt wurde und jetzt Zimmerarrest bekommt? Ich bin eine erwachsene Frau und habe Anrecht auf einen angemessenen Unterhalt. Ich lasse mir so was nicht bieten.»

Wütend eilt Nina durch den Living-Room, um ihre Handtasche zu suchen. Dort drin hat sie ihre krokodilledergebundene Agenda mit der Telefonnummer ihres Anwaltes. Na ja, so ein richtiger eigener Anwalt, der praktisch rund um die Uhr zu ihrer Verfügung steht, ist er nicht. Vielmehr ist er ein alter Schulkollege, den sie zufällig einmal an der Austernbar in einem pompösen Partyzelt anlässlich eines Vierzigsten – davon hat es in letzter Zeit jede Menge gegeben – getroffen hat. Sie haben sich angeregt unterhalten, Erinnerungen ausgetauscht und schliesslich auch noch die Visitenkarten. Seither hat sie nur gerade ein einziges Mal mit ihm Kontakt aufgenommen, nämlich als sie in der Tiefgarage des Einkaufscenters mit ihrem Range Rover das Cabriolet einer Unbekannten gestreift hat. Diese hat den ganzen Vorfall beobachtet und, statt dass man die Sache in Minne gelöst hätte, gleich mit dem Anwalt gedroht. Darauf hat Nina natürlich sofort auch einen Anwalt eingeschaltet – eben ihren alten Schulfreund. Die Sache hat sich dann über die Versicherung allerdings schnell erledigt; was blieb, war ein vierstelliges Honorar, das damals zu einem ziemlich ungefreuten Wortwechsel zwischen Eric und ihr geführt hat.

«Die Mühe brauchst du dir gar nicht zu machen», meldet sich Eric, noch bevor sie überhaupt im Chaos ihrer Louis-Vuitton-Tasche fündig geworden wäre. «Ich habe bereits abklären lassen, wie die rechtliche Lage aussieht, und solange ich dich nicht hungern und dursten lasse und dir ein angemessenes Taschengeld für ein paar Kleinigkeiten zur Verfügung stelle, ist alles in Ordnung. Es gibt nämlich kein Gesetz, das vorschreibt, dass Ehemänner die Sucht ihrer Frauen finanzieren müssen.»

Himmel, das hat gesessen!

Nina geht in die Küche und schenkt sich noch ein Gläschen Champagner nach. Den braucht sie jetzt wirklich, da spielen die siebzig zusätzlichen Kalorien für einmal keine Rolle.

Ihr Blick fällt auf das Sechser-Set geschmiedeter Küchenmesser, die in einem geschmackvollen Messerblock aus Tropenholz stecken. Benutzt werden diese zwar selten – Frau Molinari sind sie zu scharf, sie hat sich damit beinahe mal den Daumen amputiert – aber für einen Mord wären sie ideal …

So ein Blödsinn, ruft Nina sich aber gleich zur Ordnung, ich sollte weniger Krimis schauen. Immerhin hat dieses Gedankenspiel aber den Nebeneffekt, dass sie einiges ruhiger ins Wohnzimmer zurückkehren kann.

Um doch noch ein letztes Restchen Contenance zu bewahren, gibt sich Nina nun ganz souverän: «Also gut, ich werde mir die Sache überlegen.» Wobei natürlich beiden bewusst ist, dass es hier nichts zu überlegen gibt.

2

Was zieht man an, wenn man zum ersten Mal zum Psychiater in die Therapie geht? Darauf fällt auch Nina nicht auf Anhieb eine Antwort ein. Zwar ist sie sehr stilsicher, und ganz egal, ob Opern-Premiere in Zürich oder Kunst-Auktion in Basel, sie weiss immer, wie man sich richtig anzieht. Und es gäbe für sie auch nichts Peinlicheres, als feststellen zu müssen, dass sie mit ihrem Tenü total danebenliegt.

Da war doch beispielsweise die Frau eines Geschäftsfreundes von Eric, die tatsächlich in Pumps zum White Turf in St. Moritz gekommen ist. Man stelle sich vor: Das Pferderennen findet anfangs Februar auf dem gefrorenen See statt, da ist es im Engadin schnell einmal zehn Grad unter null oder noch kälter. Die Frau muss sich schon auf dem Weg vom Parkplatz zum VIP-Zelt halb tot gefroren haben – und trifft dann dort auf lauter Frauen in kuschlig warmen Chanel-Moonboots oder zumindest Sorel-Stiefeln, denn auch im Zelt ist es nicht gerade besonders warm.

Aus langjähriger Erfahrung – die Familie verbringt seit Jahren die Skiferien in ihrem Chalet in Champfèr – weiss Nina, dass selbst mit warmer Kleidung diese Pferderenn-Nachmittage eine harte Sache sind. Die Frau des Geschäftsfreundes hat dann auch nach etwa einer halben Stunde aufgegeben und ist gegangen. Sie dürfte Stunden gebraucht haben, um wieder aufzutauen.

Einmal mehr denkt Nina an Isa, ihre beste Freundin, mit der sie während vieler Jahre die Schulbank geteilt hat, die aber jetzt mit Mann und Kindern in Australien lebt. Mit so Banalitäten wie Tenüfragen würde sie sich gar nicht erst herumschlagen. «Ist doch total wurscht», würde sie sagen, «du triffst den ja nicht, um ihm zu gefallen, und der denkt sich sowieso, was er will, da kannst du ebenso gut im Trainingsanzug daherkommen wie im kleinen Schwarzen.» Aber als Tochter aus gutem Haus würde Nina niemals in Jeans und T-Shirt bei einem Psychiater aufkreuzen. Ein wenig gepflegter soll es schon sein, und wohl eher in gedeckten als schreienden Farben – ganz abgesehen davon, dass sie kein Teil besitzt, dessen Farbe man als schreiend bezeichnen könnte. Ausserdem würde sie dort einige Zeit sitzen müssen, also darf der Rock im Bund keinesfalls kneifen – das wäre ja nicht auszuhalten. Schliesslich entscheidet sie sich für ein schlichtes, aber teures taubenblaues Kostüm. Darunter trägt sie ein weisses Seiden-Shirt und in den Ohren die wertvollen Tahiti-Perlen-Ohrstecker, die sie zum 35. Geburtstag von Eric bekommen hat. Ein bisschen Wimperntusche, ein Hauch Lippenstift, die schulterlangen, blondierten Haare locker zusammengebunden, und Nina ist bereit für ihre erste Therapiestunde.

Nichts. Er sagt einfach nichts. Nina wird es langsam unbehaglich. Seit ihrem Erscheinen vor etwa sieben Minuten hat dieser Dr. Lasalle ausser den üblichen Begrüssungsfloskeln keinen Ton von sich gegeben. Nina hat gedacht, er müsse sich vielleicht vorerst irgendwelche Notizen machen oder Akten hervorkramen, aber da ist nichts. Er sitzt einfach hinter seinem riesigen Nussbaum-Schreibtisch, die Ellbogen aufgestützt, und schaut sie durch seine randlose Brille reglos an. Das einzig Lebendige an ihm ist das Licht, das auf seiner kahlen, glänzenden Kopfhaut reflektiert. Langsam wird es Nina unwohl in dem hohen Jugendstilraum mit den geschmackvollen antiken Möbeln und den hübschen Rosetten an der Decke.

Sie räuspert sich: «Und nun?»

«Was nun?»

«Wie geht es jetzt weiter?»

«Das liegt ganz an Ihnen.»

«Aber woher soll ich wissen, wie eine solche Therapie läuft? Sie sind schliesslich der Arzt.»

«Und Sie sind die Patientin.»

«Also?»

«Was meinen Sie mit ‹Also›?»

«Ich würde vorschlagen, Sie beginnen mal langsam mit der Therapiestunde.»

«Aber die hat doch bereits», er hebt den Blick Richtung Uhr, die für alle deutlich sichtbar an der gegenüberliegenden Wand hängt, «vor acht Minuten begonnen.»

«Ich glaube nicht, dass mit Schweigen irgendjemandem geholfen ist.»

«Nein, das glaube ich auch nicht.»

«Weshalb sagen Sie dann nichts?»

«Weil *Sie* die Patientin sind und ich darauf warte, dass *Sie* mir sagen, weshalb Sie hier sind.»

«Das hätten Sie mich doch gleich fragen können.»

«Ja sicher, aber für mich als Ihr Therapeut ist es wichtig, dass die Initiative von Ihnen ausgeht. Nur so kann ich sicher sein, dass Sie auch wirklich bereit sind, an sich zu arbeiten.»

Nina will dem Psycho-Doktor schon klar machen, dass sie keineswegs freiwillig hier ist und ausschliesslich das

Ziel verfolgt, ihre Kreditkarte so rasch als möglich wieder zurückzubekommen.

Doch sie besinnt sich gerade noch rechtzeitig eines Besseren. Je mehr sie nämlich Bereitschaft zur Mitarbeit zeigt, desto schneller ist die Therapie vorüber.

«Das leuchtet mir ein, also erzähle ich Ihnen am besten, weshalb ich überhaupt hier bin.»

Dr. Lasalle nickt nur und lässt so die Lichter auf seiner Glatze wieder tanzen.

«Ich glaube, ich habe ein Problem mit dem Shopping.» Fast muss sie über diese Formulierung loskichern. Das einzige Problem, das sie bisher in der Regel mit dem Einkaufen hatte, waren die vielen Tüten, die sie vom Laden zum Auto tragen musste.

«Also, ich kaufe halt sehr gerne ein, ist ja auch ein bisschen meine Aufgabe als Ehefrau, Hausfrau und Mutter, und das kostet natürlich – schliesslich kommen nur hochwertige Produkte in Frage. Aber das ist doch für meine und alle anderen Familien, die ich kenne, eine Selbstverständlichkeit.»

Dr. Lasalle schaut sie nur schweigend an, macht sich nicht mal Notizen.

«Nun hab ich kürzlich in einem Magazin einen Artikel über eine shoppingsüchtige Frau gelesen. Natürlich habe ich mit der nichts gemein, aber ich habe mir gedacht, dass ich vorsichtshalber vielleicht trotzdem mal einen Spezialisten konsultieren sollte.»

Ob Seelendoktoren auch Gedanken lesen und einen beim Lügen ertappen können? Nina ist sich da nicht ganz sicher, und dass dieser Typ sie ständig anstarrt, macht sie ganz nervös. Statt ihn anzuschauen, blickt sie zum Fenster hinaus, das auf eine grosse Strassenkreuzung geht. Doch obwohl lebhafter Verkehr herrscht, ist dank der speziellen Schallschluckfenster kein Ton zu hören.

«Sie können mir bestimmt sagen, ob ich irgendwie gefährdet bin, und wenn ja, was ich allerdings nicht annehme, was ich dagegen tun könnte.»

Jetzt kommt Leben in den Mann, er stellt allerhand Fragen und holt schliesslich zu einem längeren Vortrag zum Thema Sucht und Suchtbehandlung aus. Dann geht er im Speziellen auf die Shopping-Sucht und deren Therapie ein. Und zum Glück ist schliesslich die Zeit schon fast vorüber. Doch noch kann Nina sich nicht aus dem Staub machen.

«Unsere erste Sitzung ist vorüber, und ich persönlich habe den Eindruck, dass wir durchaus konstruktiv zusammenarbeiten könnten», sagt Lasalle etwas gewunden. «Allerdings ist es natürlich wichtig, dass auch Sie bereit und willens sind, die Therapie mit mir zusammen anzugehen. Ich schlage deshalb vor, Sie überlegen sich die Sache und melden sich, wenn Sie sich entschieden haben.»

Für Nina gibt es da nicht viel zu überlegen. Lasalle ist ihr nicht sympathischer oder unsympathischer als irgendein anderer Arzt, und sie möchte die ganze Sache auch nicht unnötig in die Länge ziehen. Also sagt sie schnell: «Ich bin überzeugt, dass wir gut zusammenarbeiten werden.»

«Das freut mich. Dann möchte ich Ihnen gleich eine kleine Aufgabe geben: Führen Sie doch bitte ab heute ein Tagebuch.»

«Ein Tagebuch? Wozu das denn? Doch nicht etwa für Sie zum Lesen?»

«Nein, nein, keineswegs. Ihre Aufzeichnungen sind für Sie ganz allein. Und was Sie mir in der Therapiestunde erzählen, untersteht selbstverständlich voll und ganz dem Arztgeheimnis.»

«Aber ich habe kein Tagebuch mehr geschrieben, seit ich fünfzehn war.»

«Es ist nie zu spät, um damit wieder zu beginnen. Sie werden sehen: Das Aufschreiben von Gedanken und Gefühlen entlastet, gibt einem Distanz zu seinen Krisen und Problemen, macht einem vieles bewusster und zwingt einen, über seine Situation nachzudenken.»

Da erzählt er ihr nichts Neues, schliesslich liest sie regelmässig Frauenzeitschriften, die unter anderem auch jede Menge Psycho-Tipps für besseres Wohlbefinden abgeben – aber sie kennt niemanden, der sich jemals länger als eine knappe Woche daran gehalten hätte.

Nina verabschiedet sich und ist richtig erleichtert, dass sie ihre erste Therapiestunde hinter sich hat. Kaum steht sie jedoch draussen auf dem Bellevue, umgeben vom Quietschen der Trams, dem Hupen von ungeduldigen Automobilisten und dem lauten Rufen des Arbeitslosen, der mit «Surprise, Surprise» sein Magazin an den Mann oder die Frau zu bringen versucht, wird sie nachdenklich. Nun gehört sie also auch zu den Frauen, die ihr Leben nur noch mit Hilfe eines Fachmanns meistern können – und das, obwohl sie im Vergleich zu dem Arbeitslosen mit den Magazinen im ausgefransten Plastiksack oder dem Tramführer, der in diesem Moment ein paar Passanten von den Tramschienen schellt, geradezu ein Traumleben führt. Keine Existenzängste, kein langweiliger Job, kein Mann, der trinkt und schlägt, und was der Klischees eines unglücklichen Lebens mehr sind. Sicher, freiwillig wäre sie ja nie zum Psychiater gegangen, ihr fehlt ja eigentlich nichts, aber sie kann auch nicht behaupten, dass die letzten 50 Minuten völlig überflüssig gewesen sind …

Der aufdringliche Klingelton des Handys reisst sie aus ihren Gedanken.

«Hallo, Nina, ich bins, Katja. Ich verfasse gerade die Gästeliste für unseren Osterbrunch und wollte schnell abklären, ob ihr Ostern hier verbringt oder lieber rauf zum Skifahren geht.»

«Das kann ich dir jetzt noch nicht definitiv sagen, das muss ich erst mit Eric absprechen. Aber wenn wir da sind, dann kommen wir natürlich liebend gerne. Ich melde mich bei dir.»

Eine Lüge, eine glatte Lüge, und dabei wird Nina nicht mal rot. Die Osterbrunches bei Katja sind eine Qual. Katja, zierlich, dunkelhaarig und Mutter von vier Kindern, ist eine Perfektionistin. Bei ihr stimmt immer alles bis ins allerletzte Detail. Und ihr Osterbrunch ist jeweils die erste grössere Veranstaltung im Jahr, an der der Massstab für die folgenden Partys festgelegt wird. Das letzte Mal trumpfte Katja mit ihrem neu eingestellten Butler auf. Hat bloss noch gefehlt, dass er auch noch schwarz ist. Jedenfalls hat er artig Mäntel entgegengenommen, nach Wünschen gefragt und immer wieder die Runde mit feinen Häppchen gemacht. Die Kinder haben derweilen das riesige Osternest mit den Sprüngli-Schoggi-Eiern geplündert und danach nur noch gezankt. Der Butler war dann einige Wochen später schon wieder weg, «weil er zuweilen ein bisschen einen schnippischen Ton draufhatte», wie Katja erklärte.

Nina seufzt und hofft inbrünstig, dass Eric über Ostern Ski fahren gehen will.

Jetzt sitze ich da vor meinem schicken Laptop, hab schon diverse Male die Farben auf dem Bildschirmhintergrund gewechselt, verschiedene Schriften ausprobiert und einen Extra-Ordner geöffnet und benannt. Aber es fällt mir einfach nicht ein, was ich schreiben soll. Irgendwo habe ich mal gelesen, dass man am Anfang einfach beschreiben soll, was tagsüber so gelaufen ist, so quasi zum Aufwärmen. Der Rest ergäbe sich dann wie von selbst.

Also: Ich war zum ersten Mal beim Psychiater. Mag sein, dass das in Amerika nichts Besonderes ist, aber für mich war es das schon. Wer zum Seelen-Klempner geht, der hat doch nicht alle Tassen im Schrank, und zu all diesen Halbirren möchte ich lieber nicht gehören. Aber anscheinend läuft das Geschäft, denn eine ganze Jugendstilwohnung als Praxis, und das auch noch praktisch direkt am Bellevue gelegen, das kostet eine Menge Geld. Und die Inneneinrichtung ist bestimmt auch nicht von Ikea: Ledersofas, antike Möbel, indirekte Beleuchtung, da und dort eine exotische Pflanze – eine richtige Luxus-Klapsmühle. Wäre es eine ganz normale Wohnung, hätte man sich darin sogar wohl fühlen können. Aber irgendwie hat der Geruch nach Sucht und Panik (weiss zwar nicht genau, wie das riecht, ist mir aber jedenfalls so vorgekommen) so richtig in der Luft gelegen – schrecklich! Wenigstens wurde mir das Sofa erspart. Beim Gedanken daran, mich auf die gleiche Liege legen zu müssen wie eine hysterische Selbstmordkandidatin oder eine magersüchtige Minderjährige, wäre mir beinahe übel geworden. Also habe ich mir einen Sessel ausgewählt, der möglichst weit von Dr. Glatzkopfs pompösem Nussbaum-Schreibtisch entfernt steht. Und dann hat dieser Typ mich einfach angestarrt. War eine total unangeneh-

me Situation, bis endlich das Gespräch in Gang gekommen ist.

Von seiner Seite ist hauptsächlich ein langweiliger Vortrag über Süchte gekommen. Und dann natürlich die obligate Frage, wie ich mich fühle, wenn ich shoppe. Ja, da hat er sich echt was einfallen lassen. Wie soll ich mich wohl fühlen? Einfach herrlich!

Hätte ich wohl nicht sagen sollen, denn auch Alkoholikerinnen fühlen sich wahrscheinlich toll beim Saufen, und trotzdem oder gerade deswegen gelten sie als krank. Nur können diese im Unterschied zu mir zu den AA gehen, aber von den ‹Anonymen Shopperinnen› habe ich noch niemals etwas gehört. «Hallo, ich heisse Nina, und ich bin shoppingsüchtig.» Das gäbe bestimmt einen interessanten Austausch zwischen den Mitbetroffenen: Wo kriege ich beispielsweise noch den Louis-Vuitton-Würfel-Haarschmuck her? Der ist nämlich überall ausverkauft, und obwohl ich auf der Warteliste stehe, besteht kaum Hoffnung. Aber vielleicht wüsste ja eine der AS einen Geheimtipp?

Na ja, jedenfalls hat mir der Glatzkopf noch allerhand Fragen gestellt – nein, leider nicht über meine Lieblings-Boutiquen – mehr darüber, was ich den ganzen Tag so mache und wie ich mich dabei fühle. Überhaupt will er ständig wissen, wie ich mich fühle, und da gibt es momentan wohl nur einen treffenden Ausdruck: beschissen. Ich sitze praktisch im goldenen Käfig fest, mein einziges Einkaufserlebnis findet bei ‹Oggenfuss› zwischen biologischem Nüsslisalat, brasilianischem Rindsfilet und einheimischer Halbfettmilch statt, und in der übrigen Zeit ist mir hauptsächlich langweilig. Der Psycho hat mir weiszumachen versucht, dass es doch jede Menge schöne Aktivitäten gibt, die nichts kosten, und liess mich, begeistert von seinem Input, gleich einmal ein paar aufzählen. Also: Spazierengehen (langweilig), Joggen (auch langweilig, ausserdem bräuchte ich dazu einen Ralph-Lauren-Jogging-Dress, und den hab ich nicht), mit den Kindern spielen (was denn, vielleicht Monopoly?), mich um den Haushalt kümmern (was soll denn daran schön sein, ausserdem würde dann Frau Molinari arbeitslos – und ich bin doch kein Unmensch?) etc. Der Gipfel aber war sein Hinweis auf ein erfüllendes Hobby wie beispielsweise Handarbeiten. Der Eric im selbst gestrickten Norweger – ha, das wäre vielleicht eine Lachnummer! Und zu Weihnachten für die Schwiegermama ein Gobelinkissen mit Büsi-Motiv. Einfach toll!

Aber mal abgesehen von der Langeweile: Ich kann mich bei meinen Freundinnen ja nun nicht mehr blicken lassen. Ob Apéro oder Shoppingtour, ob Tennisrunde oder Kino – das kostet alles Geld, und das habe ich eben nicht mehr. Ausserdem kann ich doch nicht mit den ewig gleichen Klamotten unter die Leute – wie sieht denn das aus?

Mir bleibt wohl wirklich nichts anderes übrig, als brav beim Psychiater anzutraben, die einsichtige Patientin zu mimen und die ganze Therapie so rasch als möglich hinter mich zu bringen, um bald wieder an meine Kreditkarte zu kommen. Das bisschen Psycho-Geschwätz während den exakt 50 Minuten wäre ja auch noch zu ertragen, aber das reicht dem Doc anscheinend noch nicht. Deshalb sitze ich jetzt hier und tippe mir die Finger wund. Na ja, ist wenigstens mal was Neues und zum Ärgerabladen bestimmt besser, als diesen mit Schokolade zu kompensieren.

Da fällt mir auf: Tippen gehört zu den Dingen, die ich wirklich gut kann, das habe ich ja schon im Gymi gelernt. Interessiert hat es mich zwar nicht besonders, aber der Dani, der mir so gefallen hat, ist auch in den Tipp-Kurs gegangen. Leider war das Ganze nur eine kurze Romanze, oder vielleicht nicht mal das, denn wir haben nur gerade zweimal zusammen zu Mittag gegessen und uns einmal richtig geküsst. Dann ist er plötzlich mit irgendeiner anderen aufgekreuzt und auch nicht mehr in den Tipp-Kurs gekommen. Ich bin eigentlich nur geblieben, um nicht den Eindruck zu erwecken, ich hätte den Kurs einzig und allein seinetwegen belegt – und habe ganz nebenbei auch noch richtig schnell das 10-Finger-System gelernt.

Ist doch einfach unglaublich, dass mir der Eric die Karte gesperrt hat und es jetzt auch noch von diesem intellektuellen Glatzkopf abhängig macht, ob ich sie wiederbekomme. Aber das wird sich rächen. Wenn am nächsten Sonntagmorgen die wöchentliche eheliche Pflicht ruft, werde ich entweder schon aus den Federn sein oder aber völlig ‹unpässlich›. Oder ich mach ihn zuerst richtig scharf und lasse ihn dann hängen. Wie auch immer: Da fällt mir bestimmt etwas ein.

Aber jetzt gönne ich mir erst mal ein ausgiebiges Schaumbad – die viele Schreiberei setzt ganz schön zu.

3

Trübes Morgenlicht fällt durch die hellen Leinenvorhänge und lässt einmal mehr einen dieser typischen Vorfrühlingstage erahnen: trist, grau und feucht. Nina dreht sich seufzend noch einmal um: Wozu denn aufstehen bei diesem Wetter? Zumal sie auch heute nichts Spezielles vorhat. Doch schon ertönt zum zweiten Mal der penetrante Ton ihres Weckers. Sieben Uhr, höchste Zeit, die Kinder zu wecken.

Nina quält sich aus dem breiten Doppelbett und geht über den flauschigen Teppich in ihr Ankleidezimmer. Duschen, Schminken und Frisieren verschiebt sie wie immer auf später, aber im Nachthemd oder im Bademantel würde sie niemals in der Küche erscheinen. Um der Tristesse des Tages etwas entgegenzusetzen, zieht sie heute zu einer schwarzen Hose einen leuchtend roten Wickelpullover aus Seide-Kaschmir-Gemisch an. Dann fährt sie kurz mit der Haarbürste durch die schulterlangen Haare – müssten mal wieder nachgefärbt werden, stellt sie bei dieser Gelegenheit fest – und betrachtet kritisch die feinen Fältchen unter den Augen und auf der Stirn. Früher oder später reicht die teure Antifalten-Creme nicht mehr aus, da wird sie zu anderen Mitteln greifen müssen.

Seufzend steigt Nina die Treppe hinauf in den zweiten Stock. Hier haben der 10-jährige Marc und die 12-jährige Lara ihre geräumigen ‹Kinderzimmer›, wobei vor allem bei Lara kaum mehr etwas aus ihrer Kinderzeit übrig geblieben ist. Der Mickey-Maus-Teppich wurde längst ersetzt durch helles Parkett, und die Wände hat Nina auf Laras Wunsch hin zartrosa streichen lassen. Davon sieht man allerdings wenig, denn sie sind praktisch zugeklebt mit Postern von Pink, Britney Spears, Justin Timberlake und wie die Teenager-Idole alle heissen. Lara hat sich tief in ihre Decke vergraben und schläft. Ihr dichtes, dunkles Haar ist praktisch das Einzige, was man von ihr sieht – und erinnert Nina an ihren Mann, als er sich noch Erich nannte.

«Aufwachen, mein Schatz, es ist Zeit zum Aufstehen!»

Wie üblich rührt sich nichts, aber Nina weiss, dass ihre Tochter, sobald sie das Zimmer verlassen hat, aufstehen wird. Lara ist ein hübsches Mädchen oder eher eine hübsche junge Frau, die sehr auf ihr Äusseres achtet. Nina ist da nicht ganz unschuldig, denn sie war es, die das Kind schon mit zehn Jahren zur Maniküre und zur Kosmetikerin geschleppt hat. Ihre Fingernägel sind meist genauso perfekt wie ihre gezupften Augenbrauen, und bis sie morgens jeweils das richtige Outfit zusammengestellt hat und ihre Frisur mittels verschiedenster Gels oder Sprays sitzt, dauert es. Für das aufwändige Styling nimmt aber selbst ein Morgenmuffel wie Lara in Kauf, pünktlich aufzustehen.

Marc ist ein Frühaufsteher, ganz der Vater, und meistens schon wach, wenn Nina sein Zimmer, sie nennt es Räuberhöhle, betritt. Auch diesen Morgen ist er bereits am Gameboyspielen und erst nach mehrmaliger Aufforderung seiner Mutter steht er auf und geht ins Badezimmer. Dieses gehört eigentlich zum anderen Mädchenzimmer, wo früher die Au-pairs untergebracht waren. Das letzte Mädchen, Svetlana aus Tschechien, haben sie allerdings frühzeitig wieder heimgeschickt. Mit ihr hat es, wie mit einigen ihrer Vorgängerinnen auch, nichts als Ärger gegeben. Mal war sie krank, mal war sie bereits weg, als man sie kurzfristig abends gebraucht hätte, und wenn sie – was selten vorkam – etwas putzen musste, dann tat sie das richtig widerwillig. Aber sie ist anscheinend keine Ausnahme.

«Unser neues Mädchen, die Eva, ist schon krank bei uns angekommen», hat Eliza, ihre Nachbarin, an ihrem letzten Frauen-Lunch geklagt. «Und nun müssen wir alle Arztkosten übernehmen, und von Kinderbetreuung kann schon gar keine Rede sein. Ich will doch nicht, dass sie den Kleinen mit irgendwas infiziert.»

Kiki hat darauf gemeint: «Wem sagst du das. Die kommen hierher, um sich erst mal die Zähne und was weiss ich noch alles machen zu lassen, und kaum ist alles in Ordnung, ist das Jahr auch schon vorüber. Und wenn sie ausnahmsweise ein bisschen länger arbeiten müssen, machen sie ein Riesentheater.»

Und sogar die diskrete Katja, die sich ansonsten nicht über ihr Personal auslässt, hat etwas zur Diskussion beigetragen: «Die Mädchen sollten sich erst einem Gesundheitscheck unterziehen müssen, bevor man sie überhaupt einstellt. Das spricht sich doch herum im Osten, dass man hier bestens versorgt wird und sich ein gemütliches Jahr machen kann und vielleicht noch einen kennen lernt, den man dann heiratet, um weiter in der Schweiz bleiben zu dürfen.»

Die seien gar nicht bereit, wirklich zu arbeiten, jedenfalls habe sie es schon öfters erlebt, dass die Mädchen einfach zu faul waren, um hin und wieder ein Wochenende lang auf ihre vier Kinder aufzupassen, wusste Katja weiter zu berichten.

«Mir ist sogar mal eine mit dem Gesetz gekommen», ereifert sich jetzt Eliza, «und hat mehr Freizeit gefordert. Eine Frechheit ist das! Da gibt man ihnen die Möglichkeit, aus ihrem Kaff herauszukommen und praktisch als Familienmitglied aufgenommen zu werden. Sie bekommen ein eigenes Zimmer mit Bad, und einkleiden muss man sie meistens ja auch noch neu. Und dann zeigen die keine Spur von Dankbarkeit.»

Darauf Kiki: «Na ja, wenigstens können wir unser Mädchen jetzt jederzeit zurückschicken, denn wir stellen sie nicht mehr offiziell als Au-pair an, sondern haben sie mit einem Studentinnenvisum einreisen lassen. Das verpflichtet uns zu nichts, und als Schwarzarbeiterinnen können sie auch keine Forderungen stellen.»

Im Gegensatz zu den Mädchen aus dem Osten sind die Skandinavierinnen, da waren sich alle einig, viel problemloser – aber auch meistens hübsch und blond. Doch welche Frau will denn schon den eigenen Ehemann in Versuchung führen? Dann doch lieber eins mit Übergewicht und schlechten Zähnen.

Für Nina hat sich die Sache mit der Kinderbetreuung inzwischen erledigt. Die Kinder sind jetzt alt genug, dass sie kein Au-pair mehr brauchen, und Frau Molinari ist ja auch die meiste Zeit da. Und so ist aus dem kleinen Mädchenzimmer im zweiten Stock die Gerümpelkammer der beiden Kinder geworden, und Marc hat das Bad bekommen. Was Marc dort macht, ist Nina allerdings schleierhaft. Haare kämmen jedenfalls nicht, denn im Moment ist mal wieder der Wuschellook angesagt, am liebsten kombiniert mit einem XXL-Shirt und Baggy Pants, bei denen der Schritt in der Kniekehle hängt. Die Bemühungen, ihren Sohn in einigermassen gepflegte Kleidung – Khaki-Hose und Polo-Shirt – zu stecken, hat sie inzwischen aufgegeben. Einzig wenn die ganze Familie irgendwo eingeladen ist oder ins Restaurant essen geht, muss er sich ihrem Kleiderdiktat beugen.

Doch sobald Marc seine schlimmsten Pubertätsjahre hinter sich hat, wird er aussehen wie eine jüngere Ausgabe seines Vaters, da ist Nina sich ganz sicher. Sie kennt keinen einzigen Jungen in ihrer Bekanntschaft, der längere Zeit als Hip-Hopper oder – noch schlimmer – als Punk dahergekommen wäre. Früher oder später sehen sie alle aus wie aus einer Hugo-Boss-Werbung: Die Jeans sind sauber, die T-Shirts oder Hemden gebügelt, und an den Füssen tragen sie Designer-Turnschuhe oder handgenähte Halbschuhe. Das Handgelenk ziert eine teure Uhr, und beim geringsten Sonnenstrahl setzen sie eine schicke Sonnenbrille auf.

Mädchen sind in dieser Beziehung unproblematischer. Die Phase der Rebellion, in welcher sie alles tun, um nicht wie ihre Mütter auszusehen, ist spätestens dann beendet, wenn sie Mamas Schuh- und Kleidergrösse erreicht haben. Dann nämlich sind sie gerne bereit, ihr selbst bemaltes T-Shirt gegen eines von Dolce & Gabbana zu tauschen und die alten Turnschuhe durch Mamis handgestickte Cowboy-Boots zu ersetzen. Die Mütter haben nichts dagegen, dass die Töchter sich so grosszügig aus ihren Schränken und Schubladen bedienen – im Gegenteil. Es bestätigt sie darin, attraktiv und jugendlich zu sein. Und tatsächlich wirken die Frauen in ihren trendigen Outfits eher wie ältere Schwestern als wie Mütter. Dazu trägt allerdings nicht nur die Kleidung und der ständige Kampf gegen den Vierziger-Speck bei, sondern auch die intensive Pflege von Gesicht und Körper. «Ab vierzig muss man einfach etwas mehr für sich tun», hat die zierliche Katja, der man tatsächlich nicht ansieht, dass sie Mutter von vier Kindern ist, es auf den Punkt gebracht. Kosmetikerin, Massage, Coiffure, Maniküre – das war bereits vorher Standard. Spätestens mit vierzig sollte man aber auch von den Entwicklungen der Schönheitschirurgie profitieren. Liften ist in diesem Alter allerdings noch kein Thema, denn es gibt ja zum Glück sanftere Methoden, um ein paar Jährchen wegzuschummeln. Botox, Fotorejuvenation, Lunch-Time-Peel und Silikonunterspritzungen sind schnell gemacht und lassen die Frauen – schwuppdiwupp – Jahre jünger aussehen. Da wäre Nina nicht die Erste. Eliza würde es ja nie zugeben, aber aus ihren letzten Ferien in Florida ist sie auffällig verjüngt nach Hause gekommen. Wie eine 44-Jährige hat sie definitiv nicht ausgesehen, und das kann wohl kaum an den drei Wochen Aufenthalt in einem scharf bewachten Ferien-Resort am Meer herrühren.

Nina nimmt sich vor, rechtzeitig vor der ersten grösseren Sommerparty einen Termin bei Frau Dr. Bauer-Egerlich auszumachen. Sie gilt an der Goldküste als Kapazität in Sachen Verjüngung und ist selber die beste Werbung für ihre Behandlungen: Aus den Urkunden und Fähigkeitszeugnissen, die ihre elegante Praxis zieren, lässt sich errechnen, dass sie 46 Jahre alt ist – aussehen tut sie aber wie maximal 37. Mag sein, dass ihr Gesichtsausdruck etwas starr wirkt, dafür ist aber ihre Stirn dank dem Nervengift Botox absolut faltenfrei. Zwar graut es Nina ein bisschen davor, sich das Gesicht lähmen zu lassen – was, wenn die Dosis nicht stimmt und plötzlich ein Augenlid schlaff herunterhängt? –, aber nach drei bis sechs Monaten ist die Wirkung ja wieder vorbei, redet sie sich gut zu.

Und wenn all ihre Freundinnen sich ständig verjüngen lassen, kann sie nicht zurückstehen. Wie würde denn das aussehen? Mit Isa, ihrer besten Freundin, die aber mit Mann und Kindern in Sidney lebt, kann sie dieses Thema nicht diskutieren. Die würde ihre Haut zwar auch nie ohne UV-Schutz der glühenden Sonne Australiens aussetzen, aber ansonsten findet sie das ganze Theater um die Schönheit ziemlich überflüssig. «Willst du vielleicht als ältere Schwester von Lara durchgehen?», hat sie gefragt, als sie vor einiger Zeit zu Besuch war, und sich darüber ausgelassen, wie peinlich Frauen sind, die glauben, sie müssen mit ihren pubertierenden Töchtern konkurrieren.

Das Frühstück nehmen Nina und die beiden Kinder in der modernen Küche im Parterre ein. In der Mitte des grossen, hellen Raums dominiert eine Kochinsel mit Dampfabzug («Wenn Sie den voll aufdrehen, kleben Ihnen die Schnitzel am Abzug», hat der Monteur ihr versichert). Von der gemütlichen Essecke aus blickt man durch die grosse Fensterfront in den Garten auf zwei chinesische Zierkirschbäume, und weit unten erstreckt sich der See. Während Lara ein Joghurt löffelt und dazu ihre Vitaminbrausetablette nimmt, schaufelt Marc eine Schüssel Cornflakes in sich hinein. Nina trinkt eine Tasse Kaffee und gönnt sich dazu eine Grapefruit – was ja gut für die Fettverbrennung sein soll. Für einen kurzen Moment öffnet sie die Glastür, die auf die kleine Küchenterrasse führt, und hält das Gesicht an die kühle, frische Morgenluft. Überall duftet es nach Frühling. Das erinnert sie daran, dass sie unbedingt ihre Garderobe durchsehen und auf jeden Fall ein paar neue Stücke haben muss. Bereits stapeln sich die Hochglanzmagazine mit den neuen Frühlingskollektionen in der Bibliothek, einem gemütlichen Raum direkt neben dem Wohnzimmer, der mit hohen Büchergestellen, einem Fernseher und einigen bequemen Chaiselongues ausgestattet ist. Nach rund einem Monat ‹Entzug› sehnt sich Nina danach, endlich wieder auf Einkaufstour zu gehen, sich in den gepflegten, meist recht spartanisch, aber geschmackvoll eingerichteten Boutiquen aufzuhalten, die edlen Materialien zu fühlen und das eine oder andere Stück anzuprobieren – und natürlich zu kaufen. Doch damit ist vorläufig noch nichts.

Das gemeinsame Frühstück dauert maximal zehn Minuten, in welchen kaum ein Wort gesprochen wird, dann gehen die Kinder die Zähne putzen, sammeln ihre Schulsachen ein und machen sich auf den Weg. Als sie noch kleiner waren, sind sie, wenn die Stundenpläne es erlaubten, immer gemeinsam zur Schule gegangen. Seit einiger Zeit ist Lara das aber peinlich, und so wartet sie immer noch zwei, drei Minuten, bis Marc schon ausser Sichtweite ist. Wenn sie ganz ehrlich ist, langweilt sie sich zwar auf dem doch recht langen Schulweg – sie wohnen oberhalb des Dorfes, wo die Häuser grösser sind und die Aussicht schöner ist –, aber das ist allemal besser, als mit dem kleinen Bruder gesehen zu werden.

Kaum sind die Kinder weg, fällt Nina die ziemlich gehässige Diskussion mit Eric am Abend zuvor wieder ein.

«Ich gehe nun seit vier Wochen regelmässig zu Lasalle, und langsam finde ich, ich sei genug therapiert», hat sie ihm gestern Abend beim Essen – Salat, eine cremige Morchelsuppe mit frischer Baguette, alles von Frau Molinari sorgfältig vorbereitet – gesagt. «Soll ich denn noch ewig da hin?»

«Nur keine Sorge, Dr. Lasalle wird es dich schon wissen lassen, wenn er glaubt, dass du deine Shoppingsucht im Griff hast.»

«Ja, bist du denn wirklich so naiv? Meinst du, der verzichtet freiwillig auf eine Patientin wie mich? Zweimal wöchentlich kassiert er sein Wucherhonorar, und dafür braucht er praktisch nichts zu tun, ausser bei jeder Gelegenheit zu fragen, wie ich mich fühle. ‹Wie fühlen Sie sich beim Aufstehen, Haarewaschen, Telefonieren, Autofahren oder wenn Sie am Schaufenster der Metzgerei vorbeikommen?› Also bitte, wenn da jemand eine Therapie braucht, ist das doch dieser glatzköpfige Psychiater!»

«Du lenkst ab, Dr. Lasalle ist eine Kapazität, der sehr wohl weiss, was er zu tun hat. Wenn du das nicht begreifst, dann ist das dein Problem.»

«Weisst du, was mein Problem ist? Dass du mich behandelst wie ein unmündiges Kind! Und das werde ich mir nicht mehr lange bieten lassen!»

Türeschlagend hat sie darauf das Esszimmer verlassen, ist in ihr Büro marschiert und hat ihre Wut in die unschuldigen Tasten des Laptops gehauen.

Eric ist ein Mistkerl, ein blöder Hund, ein Geizkragen – und so was habe ich geheiratet, ich dumme Kuh. Am liebsten würde ich einfach abhauen, soll er doch sehen, wo er bleibt! Aber die bittere Wahrheit ist: Mir fehlt dazu schlicht die Kohle. Mit dem bisschen Taschengeld, das er jeden Sonntagabend herausrückt – das finde ich immer so demütigend, aber darauf verzichten will ich auf gar keinen Fall –, kann ich mir gerade mal einen dieser scheusslichen Kaffees bei Starbucks leisten. Dann habe ich noch mein Auto, aber wenn ich das verkaufe, komme ich hier überhaupt nicht mehr weg. Und meinen Schmuck, den liebe ich, den werde ich ganz bestimmt nicht verscherbeln. Ob ich eine meiner Freundinnen anpumpe? Doch bei den Weibern kann es leicht passieren, dass die sich danach das Maul zerreissen, und dann ist mein Ruf im Dorf ruiniert. Vordergründig heucheln sie zwar Verständnis und mimen Solidarität, aber wenn es darum geht, einer eins auszuwischen, dann kennen die doch keine Scham!

Ach, wäre doch nur Isa da! Aber die lebt ja am Ende der Welt, wie soll sie mir da Geld pumpen können? Ausserdem habe ich ihr schon lange keine Mail mehr geschickt, und da ist es mir peinlich, gleich nach Kohle zu schreien, kaum melde ich mich endlich wieder. Zudem würde sie wie immer völlig pragmatisch denken und mir vorschlagen, mit Arbeit Geld zu verdienen. Und das kommt für mich schon gar nicht in Frage. Ich habe ja nicht mal eine Ausbildung, denn mein Ethnologie-Studium habe ich, nachdem Erich – ja, damals nannte er sich noch ganz simpel und einfach Erich, die Edelversion ‹Eric› hat er sich erst später angeeignet – förmlich um meine Hand angehalten hat, sehr schnell und ohne jegliches Bedauern an den Nagel gehängt. Meine Eltern kommen auch nicht in Frage. Die sind zwar sehr grosszügig, aber wenn ich ihnen erkläre, weshalb ich Geld brauche, gibt das garantiert Zoff. Erich (sie weigern sich, ihn Eric zu nennen, denn schliesslich haben sie ihn als Erich kennen gelernt) halten sie für einen wichtigtuerischen Geldsack, der mich nicht verdient hat – na ja, irgendwie haben sie da sogar Recht!

Nina seufzt, schenkt sich noch eine Tasse Kaffee ein und blättert kurz die Zeitung durch. Es interessiert sie aber nicht wirklich, was da drin steht, zumal Eric darauf besteht, dass ein ‹anspruchsvolles› Blatt abonniert wird, welches sich durch besonders langatmige Artikel, jede Menge News aus der ach so spannenden Welt der Finanzen und wenige Schwarz-Weiss-Bilder auszeichnet. Jedenfalls ist sie schnell durch, legt die Zeitung weg und geht hinauf in ihr Badezimmer. Die Küche wird Frau Molinari, die jeweils um neun Uhr erscheint, aufräumen, und so widmet sie sich erst mal in Ruhe ihrer Körperpflege. Duschen, eincremen, schminken, frisieren und anziehen – so sehr sie ihr Morgenprozedere auch in die Länge zieht, um Viertel vor zehn spätestens ist sie fertig. Und seit vier Wochen, seit dem ‹Super-GAU›, wie sie es nennt, fragt sie sich jeden Morgen: Was fange ich jetzt mit dem ganzen langen Tag an? Natürlich hätte sie einiges zu erledigen, beispielsweise müsste sie dringend den Haaransatz nachblondieren und die Spitzen schneiden lassen. Und auch ihre Aerobicstunden hat sie schon mehrere Male ausfallen lassen. Ganz zu schweigen von den Treffen in ihrem Lieblingscafé mit ihren Freundinnen. Also: Heute muss sie endlich mal wieder unter die Leute.

Sie geht in ihr ‹Arbeitszimmer›, wo sie am Abend vorher ihr Handy ans Ladegerät angeschlossen hat. Der quadratische Raum hat wie fast alle Zimmer im Haus grosse Fensterfronten und zudem einen kleinen Balkon. Auf dem modernen Schreibtisch steht ihr Laptop. Das eine der vier grossen Büchergestelle enthält lauter Ratgeber zum Thema Schwangerschaft, Geburt, Stillen und Kindererziehung. In das zweite hat sie das, was aus ihrem Ethnologie-Studium übrig geblieben ist, eingeordnet – für den unwahrscheinlichen Fall, dass sie ihr Lizenziat doch noch einmal machen würde. Das dritte Gestell enthält vorwiegend schöne, teure Bildbände mit Titeln wie ‹Wohnen nach Feng Shui›, ‹Beautiful Interiors› oder ‹Innenarchitektur heute› – teilweise immer noch in die Schutzhülle eingeschweisst. Das vierte Regal schliesslich ist etwas chaotisch und voll gestellt mit Kochbüchern und Rezeptsammlungen. Diese stammen noch aus Ninas vorehelicher Zeit, als das Kochen ihr grosses Hobby war.

Wann immer sie Zeit hatte, und das war bei ihrer Studienmoral praktisch ständig der Fall, bekochte sie ihre WG-Genossen mit leckeren Rezepten aller Art. Besonders beliebt war ihr Menü ‹Weltreise›. Das hat mit einem kleinen Salade niçoise begonnen, danach gabs eine scharfe, chinesische Nudelsuppe, gefolgt von einigen knusprigen Tortillas, dann ein Thai-Curry, mal vegetarisch, mal mit Huhn, danach Spare Ribs mit grünen Bohnen und zum Schluss ein Zitronensorbet mit russischem Wodka. Das waren herrliche Abende, die sie da zusammen am grossen hölzernen Küchentisch essend, trinkend und diskutierend verbracht haben. Aber damals hat sie sich auch noch keine Gedanken über Kalorien oder Fettgehalt der Speisen gemacht – da hat sie das Essen einfach genossen.

Nun, damit ist es leider vorbei. Wenn sie nicht ständig darauf achtet, was sie isst, und zusätzlich möglichst viel Ausdauersport betreibt, nimmt sie sofort zu. Jetzt fällt ihr mit schlechtem Gewissen auch ein, dass sie schon lange nicht mehr im Fitnesscenter war. Höchste Zeit also, sich mal wieder sehen zu lassen. Am liebsten aber nicht allein, denn zu zweit sind die unzähligen Wiederholungen an den Geräten nicht ganz so langweilig. Also nimmt sie ihr Handy vom Ladegerät und ruft Kiki an.

«Hallo, Kiki, ich bins, Nina, na, wie geht es dir?»

«Ach, mir geht es gut, aber ich bin gerade ein bisschen in Eile, weil ich doch um elf meine Golfstunde habe.»

Wie immer fragt sich Nina, was die schöne, blonde Kiki mit den leuchtend blauen Augen bloss an einem so langweiligen Sport wie Golf findet. Und ihre Begeisterung beschränkt sich nicht auf sich selbst, sie hat auch ihre zwei Buben, Gregor und Tibor, kaum dass sie auf der Welt waren, im Golfclub in Zumikon angemeldet. «Da kommt man nur sehr schwer hinein», hat Kiki erklärt, «deshalb ist es wichtig, dass die beiden so rasch wie möglich Mitglied werden.» Die Söhne sind inzwischen 11 und 14 Jahre alt und haben den Golfplatz noch niemals betreten. Das ist vielleicht auch besser so, denn im Freundinnenkreis wird gemunkelt, dass weniger das Golfspiel als vielmehr der Golflehrer die Kiki auf den Rasen treibt, aber konkret weiss keine etwas, und ganz offen danach zu fragen, traut sich dann doch niemand.

«Hättest du Lust, ein paar Gewichte zu heben im Fitnesscenter?»

«Ja, das würde mir schon gut tun, aber heute komme ich überhaupt nicht dazu. Vielleicht nächste Woche? Ich ruf dich an. Tschüss.»

Bei Katja muss sie es gar nicht erst versuchen. Diese ist nämlich mit ihren vier Kindern, Cécile, Constance, Catherine und schliesslich noch dem kleinen Jean-Cédric, derart beschäftigt, dass man, will man sie treffen, lange im Voraus einen Termin vereinbaren muss. Zwar gibt sich auch in ihrem grossen Haus das Personal die Klinke in die Hand, aber mit mindestens einem ihrer Kinder hat sie ständig ein ‹Problem›. Mal muss eines psychologisch abgeklärt werden, weil es nicht gerne bastelt, dann ist sie wieder mit der Schulpflege im Clinch, weil angeblich eines der Kleinen gemobbt wird, oder dann karrt sie das eine oder andere in die Nachhilfestunde oder ins Lernstudio, damit dieses in der Schule, wo selbstverständlich ein völlig unfähiger Lehrer die Talente ihrer Kleinen nicht erkennt, auch mitkommt. Jedenfalls ist die schlanke, immer nervöse Katja voll engagiert mit ihren vier Kindern.

Eliza, die gleich nebenan wohnt, macht seit Jahren eine Weiterbildung an einer privaten Manager-Schule, die kein Ende nehmen will. Die grosse, kräftige Eliza kommt immer ganz businessmässig in Kostüm und Pumps daher und würde selbst bei der Gartenarbeit, die sie natürlich auch von einem Gärtner machen lässt, keine bequeme Kleidung tragen. Ihr Sohn Luca besucht eine Tagesschule, was Eliza aber nicht daran hindert, immer wieder darüber zu klagen, dass das Kind ihr kaum Zeit lässt zu lernen, um so endlich abschliessen zu können.

Claudia schliesslich ist fast jeden Morgen in ihrem Innendekorationsgeschäft an bevorzugter Lage in der Stadt anzutreffen. Ihr Mann hat es ihr quasi als Entschädigung für seine Untreue eingerichtet. Die anfängliche Begeisterung für Inneneinrichtungsfragen hat sich zwar etwas gelegt, aber ihren Status als Geschäftsfrau mit eigenem Unternehmen geniesst Claudia sehr und betont dies auch bei jeder sich bietenden Gelegenheit. «Ach, weisst du, als Geschäftsfrau ist man halt ständig auf Draht, das musst du schon verstehen», hat sie gerade kürzlich gesagt, als sie Nina über eine halbe Stunde im Café auf sie warten liess. Allerdings ist Nina ihre neue Frisur sofort aufgefallen und sie hat vermutet, dass Claudia direkt vom Coiffeur gekommen ist, wo sie sich etwa alle vier Wochen einen neuen Haarschnitt und eine andere Haarfarbe machen lässt. Und mit der Frisur ändert sie auch ständig ihren Stil: mal sportlich, mal elegant, mal ausgefallen – jedenfalls ist sie manchmal kaum wiederzuerkennen.

Kurz: Es scheinen alle ein ausgefülltes Tagesprogramm zu haben – nur Nina nicht. Einzig die späteren Nachmittagsstunden sind bei ihr total ausgebucht. Dann sind nämlich Chauffeurdienste angesagt. Lara hat montags und freitags Ballett, dienstags geht sie in den Geigenunterricht und donnerstags reiten. Marc ist nicht so eingespannt, er spielt lediglich am Dienstag Schlagzeug und am Freitag Fussball. Im Übrigen fährt er hauptsächlich Skateboard, aber das kann er auch auf ihrem grosszügigen Garagenvorplatz oder in der ruhigen Sackgasse, in der sie wohnen. Dank einem ausgeklügelten Timing schafft es Nina, die beiden immer rechtzeitig hinzubringen bzw. wieder abzuholen. So reiht sich Nina mit ihrem schwarzen Range Rover vor der Schule in die Kolonne wartender Goldküsten-Mütter ein, die ein Lehrer mal spöttisch als «dorfeigenen Automobilsalon» bezeichnet hat.

Doch bis zum Schulschluss dauert es noch einige Stunden, die ausgefüllt werden wollen. So kommt Nina auf die Idee, sich im eigenen Haus und Garten etwas mehr zu engagieren. Wozu haben sie denn dieses grosse Anwesen? Da gibt es einiges zu tun, gerade jetzt, da sich der Frühling langsam ankündigt. Auf einen richtigen Frühlingsputz hat sie allerdings überhaupt keine Lust, zumal dies ohnehin durch ein eigens dafür organisiertes Reinigungsinstitut erledigt wird.

Und der Garten ist fest in den Händen des Gärtners, der zwei- bis dreimal wöchentlich erscheint. Der lässt sie allenfalls mitreden, wenn es darum geht, welche Pflanzen sie denn gerne angepflanzt hätte. Wenn sie es sich genau überlegt, möchte sie sich auch nicht die gepflegten Hände ruinieren, indem sie in der Erde wühlt.

Das Einzige, was sie wirklich reizen würde, wäre eine Neugestaltung des Interieurs. Wohnmagazine durchblättern, durch die Inneneinrichtungsgeschäfte schlendern, da und dort etwas bestellen, um ‹Altes› zu ersetzen – das macht ihr Spass. Doch damit kann sie Eric im Moment ganz bestimmt nicht kommen. Gerade erst vor einem Jahr hat sie nämlich ihren Palazzo an Traumlage mit freier Sicht auf den Lago Maggiore mit schönen italienischen Möbeln völlig neu eingerichtet. Die Freude an ihrem Werk wurde allerdings etwas gedämpft durch Erics Reaktion, der sich, statt sich über das gelungene Ergebnis zu freuen, über die hohen Rechnungen ärgerte. Dies erst recht, als herausgekommen ist, dass sie auch noch einen Innenarchitekten engagiert hat.

«Jetzt liest du die ganze Zeit diese Hochglanzhefte à la ‹Beautiful Interiors› und bist nicht mal in der Lage, selber ein paar Stühle um einen Tisch zu drapieren», hat er ihr vorgehalten. «Wenn du schon die Innenarchitektur zu deinem Hobby machst, dann tu doch auch selber was.»

Wo er Recht hat, hat er Recht, denn egal ob gärtnern oder kochen, dekorieren oder einrichten, Goldküsten-Frauen lassen in der Regel ihre Ideen durch einen Fachmann ausführen – natürlich unter ihrer Aufsicht – und betrachten es keineswegs als ihre Aufgabe, selber anzupacken. Das Ergebnis ist dann allerdings trotzdem ‹ihr› Werk, und Nina hat mit Genugtuung registriert, wie Eric einen Kunden, den er übers Wochenende eingeladen hat, voller Stolz durch das Haus geführt hat. Und dessen Frau hat immer wieder betont, wie wunderschön doch alles sei und in welch perfektem Dialog – so ihre Worte – sich antike Teile mit modernen befänden. Jedenfalls sind sie des Lobes voll gewesen, was sich denn auch auf Erics Laune ausgewirkt hat – umso mehr als es nach einem üppigen italienischen Viergänger und reichlich Prosecco- und Grappakonsum zu einem lukrativen Geschäftsabschluss gekommen ist.

Aber wenn es im Haus schon nichts zu tun gibt, dann könnte sie sich ja auch ausserhäuslich betätigen. Warum nicht mal wieder einen Kurs belegen und etwas für die Bildung tun? Ihr Italienisch beispielsweise ist trotz den häufigen Aufenthalten im Tessin immer noch sehr dürftig, um nicht zu sagen rudimentär. Sie kann zwar eine Speisekarte lesen und kennt die Gerichte, wenn sie aber einen Handwerker bestellen müsste, wäre sie bereits aufgeschmissen. Das überlässt sie immer Eric. Da kommt es ihr gerade recht, dass an einer renommierten Sprachschule in der Stadt unter anderem auch ein Italienischkurs für Fortgeschrittene angeboten wird. Schnell meldet sie sich an, bevor sie es sich anders überlegt, und freut sich bereits, wie sie an Pfingsten, wenn sie ins Tessin fahren, Eric mit ihren Italienischkenntnissen beeindrucken wird.

Blamiert habe ich mich bis auf die Knochen! Da hat es auch nix geholfen, dass ich extra meine Haare hab machen lassen und mein Prada-Kostüm montiert habe: Ich fahre extra für den Morgenkursus in die Stadt und werde von dieser blöden Italo-Tussi gleich einmal blossgestellt. Was weiss denn ich, wie man sich auf Italienisch vorstellt, über die Familie parliert und dann noch ausgiebig über seine Hobbys berichtet? Wenn ich das alles schon könnte, dann müsste ich ja wohl auch keinen Kurs belegen. Jedenfalls bin ich ziemlich sprachlos gewesen, ausser «Io sono Nina» ist mir nicht viel eingefallen, allenfalls hätte ich mir noch einen Espresso bestellen können, aber das ist ja nicht ge-fragt gewesen. Die zwei blöden Weiber in der gleichen Reihe haben gekichert, und die mit dem breiten Hintern direkt vor mir hat sich umgedreht und mich voller Schaden-freude angegrinst. Nur ein Mann, ein Rentner, nehme ich an, hat mir einen mitleidigen Blick zugeworfen. Jedenfalls hat mir die Italo-Tussi unmissverständlich zu verstehen gegeben, dass ich offensichtlich im falschen Kurs sei. Der Anfängerkurs finde erst nächsten Monat statt. Mit ande-ren Worten: Sie hat mich rausgeschmissen! Wie der letzte Mensch bin ich mir vorgekommen, und das Schlimmste war, dass ich mir zum Trost nicht mal eine Shoppingtour gönnen konnte.

Zu allem Überfluss habe ich auf dem Weg ins Parkhaus auch noch das Nervenbündel Katja angetroffen, die mal wieder eines der Kinder zu irgendeinem Fachmann zwecks irgendeiner Abklärung geschleppt hat. Der habe ich von meiner Blamage natürlich nix erzählt, wär ja noch schöner. Deren Mitleid brauche ich schon gar nicht. Was will mir denn auch eine erzählen, die mit Kinderzeugen nicht eher aufhört, als bis ein Stammhalter unterwegs ist? Gerechtigkeitshalber muss man zwar sagen, dass sie sich wohl eher auf Wunsch ihres Göttergatten zur Gebärmaschine hat machen lassen, denn ihre Schwangerschaften waren weiss Gott kein Zuckerlecken. Ihr war ständig kotzübel, und dazu kamen noch diese hässlichen Schwangerschaftsflecken im Gesicht. Aber immerhin hat sie mit ihrer Brut bestens für sich vorgesorgt. Ihr Mann wird sie nämlich niemals verlassen, weil ihn das wegen der vielen Kinder viel zu teuer zu stehen käme.

Danach kam ein weiterer Höhepunkt des Tages: die Therapiestunde beim Glatzköpfigen. Diesmal hat er meine Vergangenheit aufrollen wollen. Aber was gibt es da schon gross zu sagen? Ich bin in den Sechzigern geboren, ein Einzelkind (jaja, da hat er viel sagend die kaum vorhandenen Brauen gehoben) und in einer wohlhabenden Gemeinde an der Goldküste aufgewachsen. Meine Eltern waren zwar nicht gerade ganz so reich wie viele andere, die dort wohnen, aber am Hungertuch haben wir nun auch nicht gerade geknabbert. Im Sommer verbrachten wir viel Zeit im Tennis-Club – das Tennisspielen war damals noch viel exklusiver als heute, wo Krethi und Plethi das Racket schwingt. Die Kinder der anderen Clubmitglieder waren so was wie meine Freunde, aber nicht zu sehr, weil die alle in die gleiche Privatschule gingen, und ich war nur an der öffentlichen Mittelschule. Ausserdem trugen die Hosen mit Schlag, und ich hatte immer noch die guten alten Röhren. Eine Einladung zum Jahresball bekam ich nur gerade ein Mal, bin aber nicht hingegangen, weil ich, obwohl nicht gerade potthässlich, halt eben doch nicht eine ganz so gute Partie gewesen bin wie andere Mädchen, meine Eltern nur wenig Kontakt zu den anderen Clubmitgliedern pflegten und ich nicht das Mauerblümchen spielen wollte. Meine Eltern fand und finde ich aber ganz okay, auch wenn sie meiner Meinung nach etwas zu sehr auf Understatement machen. Aber das ist eben ihre Art, und ich vermute, deshalb mögen sie auch Eric nicht besonders: Er ist ihnen zu sehr Yuppie, der auch zeigt, was er hat – und sein bzw. unser Freundeskreis verhält sich auch nicht anders. Für sie lebe ich wohl in einer anderen Welt, einer Welt, in der Glanz und Gloria sehr viel mehr zählt als alles andere. Und damit haben sie vielleicht auch Recht.

Trotzdem möchte ich mit niemandem tauschen. Immerhin sind die Verhältnisse klar: Mein Part ist es, dafür zu sorgen, dass Haus, Garten, Kinder und ich selber gut ‹gewartet› werden und das Bild einer intakten, wohlhabenden Goldküsten-Familie abgeben. Daneben bin ich die charmante Gastgeberin für Geschäfts- und andere Freunde und nicht zuletzt natürlich die bereitwillige Geliebte, die ihren Mann zu verwöhnen weiss, auch wenn ihr einmal nicht der Sinn danach steht. Erics Aufgabe besteht hauptsächlich darin, genügend Geld für ein sorgloses und ziemlich luxuriöses Leben heranzuschaffen. Die meisten Frauen, die ich kenne, leben so. Isa behauptet zwar etwas überspitzt, dass sich die Goldküsten-Frauen kaum von denjenigen in den Rotlicht-Vierteln unterscheiden: Der Mann zahlt und befiehlt, die Frau kuscht und gehorcht. Allerdings werden sie dafür besser bezahlt, achten mehr auf ihre Gesundheit und niemand schaut auf sie herunter. Ich habe ihr entgegengehalten, dass wir im Unterschied zu

48

einer Nutte ja unseren Spass haben an der ganzen Sache. Das hat sie mir allerdings nicht abgekauft, weil sie sich nicht vorstellen kann, dass ein Leben in praktisch totaler Abhängigkeit erfüllend sein kann. Goldküsten-Frauen, so ihre Meinung, können sich nur scheinbar frei bewegen. Sobald ihnen der Geldhahn abgedreht wird, werden sie zu Gefangenen in ihren Häusern und Villen – es sei denn, sie kommen selber aus reichem Haus und verfügen über ein beträchtliches eigenes Vermögen. Damals habe ich diese Einschätzung von Isa auf ihre Begeisterung für die Frauenbewegung zurückgeführt – und auf eine Spur von Neid. Nicht zuletzt ist sie ja ein Zweitgenerationen-Ausländerkind, das, wie sie immer sagt, «auf dem knallharten Pflaster von Hombrechtikon» aufgewachsen ist.

Jetzt aber erlebe ich praktisch am eigenen Leib, was sie damals gemeint hat. Und irgendwie hat sie Recht. Ich bin völlig Erics Goodwill ausgeliefert – es sei denn, ich verdiene mein eigenes Geld. Aber das ist nun gar nicht mein Ding. Die paar Mal, als ich während der Semesterferien gejobbt habe, waren einfach schrecklich. Den ganzen Tag im Supermarkt Gestelle einräumen und dafür gerade mal zehn Franken pro Stunde verdienen – so kommt man doch nie auf einen grünen Zweig. Ich habe mir mal ausgerechnet, wie lange ich für ein Kostüm von Thierry Mugler, das war damals ein absolutes Muss, arbeiten müsste, und kam auf mehr als eine Woche. Und selbst wenn ich mein Ethno-Studium beendet hätte, was stünde mir da offen? Museumswächterin oder was? Nein, nein, da fühle ich mich an der Seite von Eric sehr viel besser aufgehoben.

4

Endlich, endlich liegt er im Briefkasten, der Brief mit Laras Prüfungsergebnissen. Aufgeregt reisst Nina das Couvert auf, noch ehe sie wieder im Haus ist: «Leider müssen wir Ihnen mitteilen …»

Ganz offensichtlich ist eingetreten, was Nina insgeheim befürchtet hat: Lara hat die Aufnahmeprüfung ins Gymnasium nicht bestanden. Eigentlich nicht weiter erstaunlich, denn Laras Ehrgeiz in schulischen Dingen hält sich ziemlich in Grenzen. Aber trotz eher mittelmässigen Zeugnisnoten und obwohl auch ihr Primarlehrer davon abgeraten hat, ist von Anfang an klar gewesen, dass sie es zumindest versuchen würde – und prompt ist sie gescheitert.

Versagt, total versagt hat sie an der Prüfung. Ihre Noten sind derart schlecht, dass man sie besser totschweigt. Und dann das Lernstudio: Hat einen Haufen gekostet und keiner durfte etwas wissen, weil doch niemand zugeben will, dass die angeborene Intelligenz der eigenen Brut alleine nicht ausreicht. Aber ein gewisses Niveau ist einfach ein Muss. Es geht ja gar nicht darum, dass sich Lara längerfristig ihre Brötchen selber verdienen muss. Aber wenn sie sich was Rechtes angeln will, dann muss sie mehr können, als ein paar Modelabels aufzählen. Gepflegter Small Talk ist – neben gutem Aussehen – gefragt an Vernissagen, Essenseinladungen oder Partys. Ausserdem kennt Lara die typische Laufbahn der meisten Goldküsten-Mädchen: Nach der Maturität, die notfalls auch an einem privaten Institut für viel Geld gemacht wird, folgt das obligate Ame-

rika-Jahr. Dort wird hauptsächlich herumgereist, Englisch gelernt, und die etwas ehrgeizigeren unter ihnen belegen einen Kurs in Kunst oder amerikanischer Literatur. Sind die Mädchen in die Schweiz zurückgekehrt, folgen ein paar Semester Ethnologie, Kunstgeschichte oder Jura, während denen sie sich in Ruhe nach einem geeigneten Ehemann umsehen können. Es spielt keine Rolle, wenn die jungen Frauen – wie ich ja auch – niemals ihr Studium abschliessen. Goldküsten-Mädchen sind in der Regel von Haus aus vermögend und arbeiten, wenn überhaupt, einfach so aus Spass, zum Beispiel in einer Galerie – und selten mehr als halbtags. Früher oder später haben sie einen ebenfalls vermögenden Ehemann, der für ihren Unterhalt sorgt. «Geld zieht Geld an wie Scheisse die Fliegen», hat es Isa an einem weinseligen Abend wenig elegant, aber doch irgendwie treffend ausgedrückt.

Lara jedenfalls hat die erste Chance verpasst. Und ein bisschen frage ich mich ja schon, ob es denn nicht einen anderen Weg gibt. Das blöde Gymnasium verdirbt einem doch die ganze Jugend. Latein büffeln, Mathe, die keinen interessiert, das oberlangweilige Französisch und dann noch so Unverständliches wie Chemie oder Physik. Das Ganze in irgendeinem tristen Klotz mit Sichtbeton und Linoleum-Böden aus den Sechzigern, der bei Architektur-Freaks als Klassiker gilt, bei den Schülern aber höchstens Depressionen auslöst. Was war ich froh, als ich nach zweimaligem Wiederholen einer Klasse endlich die Matura bestanden habe. Danach wusste ich allerdings gar nicht wie weiter. Isa, mit der zusammen ich die Matura gemacht habe, hat mal im Scherz gesagt: «Wenn du wirklich nichts tun willst und dich ausser der Salattheke in der Mensa

nichts interessiert, dann musst du Ethnologie studieren.»
Der Tipp war Gold wert, denn die ganzen Semester über
musste ich kaum einen Finger krumm machen. Umso mehr
Zeit hatte ich, um mich in der Männerwelt umzusehen.
Die WG, in die ich dann zog, war auch nicht eine normale
– mit verschimmelten Esswaren im Kühlschrank und einer
Hausordnung, an die sich kein Mensch hält –, sondern eine
richtige Edel-WG. Wir hatten eine riesige, in der Nähe der
Uni gelegene Jugendstilwohnung: zwei Jus-Studenten, eine
Kollegin aus dem Ethnologiestudium und ich. Es gab ein
‹Buebe-› und ein ‹Meitlibadezimmer›, eine grosse, gemüt-
liche Küche und natürlich eine Putzfrau, die zweimal
wöchentlich für Ordnung sorgte und auch gleich die
Wäsche erledigte. Sehr viel anders als daheim war es eigentlich gar nicht. Aber: Wir mussten selber kochen. Das hat
mir zuerst gar nicht gepasst, und wir mussten am Anfang
öfters meine Mahlzeiten wegwerfen, weil Isa, wenn sie zu
Besuch war, meinte: «Diese Art Kost kann ich nicht bei
mir behalten.» Oft liessen wir deshalb den Pizzakurier
kommen. Aber das Kochen ging immer besser, und ich
habe richtig Spass daran bekommen und auch gerne viele
Leute eingeladen. Die morgendlichen Vorlesungen habe
ich dann meistens geschwänzt, und nachmittags konnte
ich auch nicht immer hingehen, wenn ich ein grösseres
Kochprojekt vorhatte.

Lara ist mehr mit ihrem Selbstmitleid als mit ihrer Zukunft
beschäftigt. Nachdem sie den Brief mit dem vernichten-
den Prüfungsbescheid gelesen hat, ist sie sofort in Tränen
ausgebrochen, und wie um dem ganzen Elend noch eins
draufzusetzen, hat sie je ein SMS ihrer beiden Freundin-

nen bekommen. «Ich habe bestanden!!! *freu* Und du?», schreibt die eine, und kaum fünf Minuten später die andere: «Ab ins Gymi!!! Suuuuupiii!»

Nina versucht sie zu trösten.

«Ach, Schätzchen, beruhige dich. Wegen so einer Prüfung geht doch die Welt nicht unter. Jetzt gehst du halt einfach mal in die Sek und versuchst es in zwei Jahren noch mal. Du wirst sehen, dann wird es bestimmt klappen.»

Doch damit macht sie die ganze Sache für Lara nur noch schlimmer.

«In die Sek? Du glaubst doch nicht etwa, dass ich hier bei uns im Dorf in die Sek gehe? Da merkt ja jeder, dass ich durch die Prüfung gefallen bin. Ausserdem gehen hier nur Weicheier in die Oberstufe, da will ich auf keinen Fall hin.»

«Aber, Schätzchen, wer sagt denn so was?»

«Schau dir doch mal an, was sich da für Verlierertypen herumtreiben, die Hose in der Kniekehle und das nicht vorhandene Hirn mit einer Strickmütze zugepappt. Und dazu ständig ein paar saudumme Sprüche auf Lager.»

«Also grad so schlimm wird es ja wohl nicht sein, immerhin ist das eine öffentliche Schule mit einem Lehrplan, der eingehalten werden muss.»

Insgeheim gibt Nina ihrer Tochter allerdings Recht. Sie lässt sich zwar selten im Dorf blicken, weil ihr da die Einkaufsmöglichkeiten mit einem kleinen Coop und einem Denner eindeutig zu bescheiden sind, aber die paar Mal, die sie auf die Dorfjugend getroffen ist, haben nicht gerade einen positiven Eindruck hinterlassen – im Gegenteil. Sie ist damals ganz froh gewesen, dass ihre beiden Kinder noch zu jung gewesen sind, um in näheren Kontakt mit diesen Jugendlichen zu kommen. Viele von ihnen scheinen, völlig unkontrolliert von den Eltern, die Tage und wohl auch die halben Nächte auf dem Pausenplatz oder vor dem Denner zu verbringen – rauchend, kiffend und Alcopops in sich hineinschüttend. Das ist definitiv nicht der richtige Umgang für ihre beiden Kinder. Und deshalb kommt die örtliche Sekundarschule eher nicht in Frage. Und überhaupt: Was heisst denn da Sekundarschule? Seit der Volksschulreform geht ja jeder in die Sek, egal ob er zwei und zwei zusammenzählen kann oder nicht. Kommt dazu, dass die Mehrzahl erst mal richtig Deutsch lernen muss. Abgesehen von ihren eigenen Beobachtungen geniesst die Oberstufe auch ganz allgemein an der Goldküste einen schlechten Ruf.

«Wer da zur Schule geht, gerät unweigerlich in den Einflussbereich von Rumhängern, die sich ständig am Rande der Kriminalität bewegen», meint ihre Freundin und Nachbarin Eliza, als sie sich mit ihr am selben Tag über den frisch getrimmten Buchszaun unterhält. Beide machen sie sich mit Gartenhandschuhen und -schere an ihren Blumenbeeten zu schaffen. Zwar ist das nicht nötig, weil der Gärtner regelmässig kommt, aber die Nachbarschaft soll ruhig glauben, man hätte einen grünen Daumen.

«Die Nachbarin von Kiki sitzt in der Schulpflege und hat mir erzählt, dass in der Sek wenig bis gar nichts läuft und deshalb alle Schulabgänger die grösste Mühe haben, eine Lehrstelle zu finden», sagt Eliza. «Ist dir nicht aufgefallen, dass kein einziges Kind aus unserem Quartier die Oberstufe im Dorf unten besucht?»

Nina denkt kurz nach.

«Du hast Recht, ich wüsste niemanden.»

«Und in den Nachbargemeinden steht die Sekundarschule mangels Schülern kurz davor, geschlossen zu werden.»

«Tatsächlich? Und wo sollen die Kinder zur Schule gehen?»

«Die legen die Sekundarschulen zusammen, und dann müssen die einen halt mit dem Bus oder Velo in die Schule fahren.»

Was, wenn auch hier die Schule geschlossen wird? Soll ihre sensible Lara tatsächlich in so einer Art Sammelbecken für geistig Minderbemittelte die Schulbank drücken? Nein, da müssen wir eine bessere Lösung finden, denkt Nina.

Was heisst da ‹wir›? Ich bin es, die sich jetzt darum kümmern muss, wie es weitergehen soll. Und Eric wird mir wahrscheinlich auch noch den Schwarzen Peter zuschieben. Für Schule, Kleidung und Ernährung der Kinder bin schliesslich ich zuständig, wird er sagen. Aber habe ich Lara nicht tausendmal gesagt, sie solle lernen, statt ‹Sabrina› oder eine andere ihrer Lieblingssendungen im TV anzuschauen? Statt ständig mit irgendwelchen pädophilen Fünfzigjährigen, die sich als 14-jährige Skateboarder ausgeben, in Chatrooms herumzuhängen? Statt endlos lange Mails mit ihren Freundinnen auszutauschen, in welchen es darum geht, ob es ein Liebesbeweis von Kevin ist, dass er der Tamara die Turnschuhe versteckt hat? Lara hat aber immer abgewinkt und entweder behauptet, sie hätte schon gelernt oder sie werde in den nächsten Minuten gleich loslegen. Kontrolliert habe ich das allerdings nie, denn seit Lara ihr eigenes ‹High-Tech-Center› mit TV, Computer etc. hat, bekomme ich kaum mit, wie viel sie wirklich in die Röhre guckt oder in der unendlichen Düsternis des World

Wide Web herumsurft. Vielleicht hätte ich mich tatsächlich mehr um sie oder besser ihre Prüfungsaufgaben kümmern sollen? Aber dafür ist es jetzt zu spät.

Eric ist natürlich zutiefst enttäuscht und auch etwas ungehalten darüber, dass seine Prinzessin bereits bei der Aufnahmeprüfung gescheitert ist.

«Jetzt haben wir dir doch monatelang das Lernstudio bezahlt, und du fällst trotzdem durch! Was hast du denn die ganze Zeit dort getan? Die Nägel lackiert? An deinen Haaren rumgemacht oder deinen Freundinnen SMS geschickt?»

Lara wirkt entgegen ihrem sonstigen Gehabe richtig verunsichert, fast so, wie sie als kleines Mädchen gewesen ist, wenn sie etwas angestellt hat – was allerdings nicht allzu häufig vorgekommen ist.

«Ich weiss nicht, ich habe doch so viel gelernt, aber die Prüfung war sooo schwierig, lauter fiese Fragen. Wahrscheinlich haben die einfach zu viele Anmeldungen gehabt und dann deshalb ein paar durchfallen lassen.» Jetzt fällt sie wieder ganz in die trotzige Teenie-Rolle zurück.

«Ganz so einfach ist die Sache wohl nicht, mein Fräulein. Kann es nicht sein, dass du mit allem anderen mehr beschäftigt gewesen bist als zum Beispiel mit den Dreisatzrechnungen?»

Lara überlegt fieberhaft, wie sie sich da herausreden kann. Tatsächlich ist ihr nicht wirklich bewusst gewesen, dass sie scheitern könnte. Bisher ist immer alles so gut gelaufen, wie sie es erwartet hat. Und wenn nicht, dann hat ihre Mutter es schon gerichtet. Aber dieses Prüfungsergebnis ist wohl das erste Ereignis in ihrem Leben, auf welches ihre Mutter, oder auch ihr Vater, keinerlei Einfluss nehmen kann. So ein Mist!

«Na ja, ich hab mir Mühe gegeben, aber es hat halt nicht gereicht. Aber vielleicht schaffe ich es ja in zwei Jahren.»

«Und was willst du bis dahin machen?»

«In einer guten Privatschule kann ich mich bestimmt bestens auf die Prüfung fürs Kurzzeitgymnasium vorbereiten. Ich bin sicher: In zwei Jahren klappt es ganz sicher.»

Eric hat da so seine Zweifel, denn bei aller Liebe zu seiner Prinzessin ist er doch Realist genug, um sie richtig einzuschätzen: Sie ist ein verwöhntes Mädchen, das blind darauf vertraut, auch in Zukunft ebenso privilegiert zu leben wie bis anhin. Etwas anderes kann und will sie sich gar nicht vorstellen. Ganz abgesehen davon widerstrebt es Eric, allmonatlich vierstellige Beträge für eine Privatschule aufzuwerfen, nur weil seine Tochter zu faul oder zu unreif für das Gymnasium ist. Lara kennt ihren Vater gut genug, um zu erraten, was er denkt, also greift sie zu einem altbewährten Mittel und verdrückt rasch ein paar Tränen – und erreicht, was sie will. Er wird die Kosten übernehmen – auch wenn die Geschäfte in seiner Firma momentan alles andere als gut laufen …

Ninas Aufgabe ist es jetzt, herauszufinden, welche Privatschule den individuellen Bedürfnissen ihrer Tochter am besten entspricht. In ihrem Arbeitszimmer hat sie dafür extra ein Dossier angelegt, und ein bisschen ist sie sogar froh darüber, eine richtige Beschäftigung zu haben. In den folgenden Tagen häufen sich die aufwändigen Dokumentationen der verschiedenen Schulen auf ihrem Schreibtisch. Da werden in wohlklingenden Worten die Schulphilosophie, die glänzenden Aussichten beschrieben, die den Kindern nach dem Besuch dieser Schule bevorstehen, und vor allem auch, wie wohl sich hier alle fühlen. Für Nina klingt das alles sehr beruhigend, auch wenn sie weiss, dass es in der Realität wohl nicht ganz so golden aussieht. Im Grunde ist sie überzeugt, dass der Schulabschluss bzw. die Ausbildung für Lara letzlich gar nicht so wichtig ist. Sie sieht gut aus, kommt aus gutem Hause und bewegt sich in den richtigen Kreisen. Früher oder später wird sie bestimmt einen wohlhabenden oder zumindest aufstrebenden jungen Mann kennen lernen, und bis es so weit ist, wird Eric für ihren Unterhalt sorgen.

Bei Marc macht sie sich schon grössere Sorgen. Natürlich kommt es immer mal wieder vor, dass sich ein junger Mann von einer älteren, vermögenderen Frau aushalten lässt, aber das ist längst nicht so akzeptiert wie der umgekehrte Fall. Marc wird also auf jeden Fall studieren müssen, und wenn es an einer Uni nicht klappen sollte, so zumindest an einer Fachhochschule. Und falls er es danach nicht in eine gehobene Position schafft, wird man halt die Beziehungen spielen lassen müssen. Nina weiss sehr wohl, dass in den Chefetagen immer auch Leute sitzen, die nicht wegen ihrer Fähigkeiten, sondern dank ihrem Beziehungsnetz in die oberen Chargen gekommen sind. Dort gibt man ihnen oft nebst einem eigenen Büro, einer eigenen Sekretärin und einem Parkplatz allerhand Aufgaben, die wichtig aussehen, aber keinen Schaden anrichten, wenn sie unprofessionell oder gar nicht erledigt werden – aber ein Jahressalär in mindestens sechsstelliger Höhe rechtfertigen. Im Übrigen verbringen diese Leute ihre Tage hauptsächlich mit Sitzungen und Business-Lunches, und zur Auflockerung des eintönigen Büroalltags ist immer mal wieder eine Geschäftsreise angesagt oder eine berufliche Weiterbildung an touristisch durchaus reizvollen Orten.

Im Moment aber ist nicht Marc ihr Problem, sondern Lara. Nina überlegt, welche ihrer Freundinnen sich in Sachen Privatschulen am besten auskennt. Elizas kleiner Luca ist zwar in einer privaten Tagesschule, aber wenn sie Eliza anrufen würde, müsste sie sich nur wieder ihr Gejammer über den Stress, den sie mit ihrer Ausbildung und dem Kind hat, anhören. Und dafür hat sie jetzt echt keine Nerven.

Kiki hat auch einen Sohn in einer Privatschule, ist um diese Zeit aber ohnehin nicht erreichbar, weil sie ihre Golfstunde, die sich auch mal auf zwei oder drei ausdehnt, mit irgendeinem knusprigen Golflehrer hat.

Claudias kleine Tochter Zoe ist erst gerade in die örtliche Primarschule gekommen, die kennt sich in diesen Dingen wohl nicht allzu gut aus.

Aber Katja. Das ist genau die Richtige. Schliesslich hat sie vier Kinder, für die auch in Sachen Schule und Ausbildung nur das Allerbeste gut genug ist. Mit ihr wird sie demnächst mal eine Tasse Kaffee trinken gehen.

Der ‹Schober› im Zürcher Niederdorf ist schon seit ewigen Zeiten Ninas Lieblingscafé. Kein Millimeter ist hier ungenutzt, und Konfekt und Schleckereien in jeder Grösse, Form und Farbe lassen Nina jegliche Diätvorsätze vergessen. Aber nach diesem Schock darf sie sich schon einen kleinen Trost gönnen. Auf dem runden Marmortischchen haben neben der ‹Schoggi mélange› gerade noch der Autoschlüssel und das Handy Platz. Nina hat sich kaum in den bequemen Ledersessel gesetzt, als Katja erscheint.

«Hallo, Katja, wie gehts?»

Katja lässt sich erst mal detailliert über die Fortschritte ihres Jüngsten bei der Logopädin aus, und Nina muss sich das wohl oder übel eine Zeit lang anhören.

«Weisst du, wir haben endlich herausgefunden, weshalb der Jean-Cédric so grosse Probleme in der Schule hat.»

«Ach ja? Lass hören.»

Katjas Jüngster ist zwar erst in der ersten Klasse, aber von Anfang an konnte er dem Unterricht nicht folgen. Ausserdem benimmt er sich ausgesprochen aggressiv seinen Mitschülerinnen gegenüber.

«Also, halt dich fest: Jean-Cédric ist hoch begabt.»

Nina zieht die Brauen hoch. Der Kleine ist nicht mal in der Lage, seinen Namen zu schreiben – und nun soll er hoch begabt sein?

«Ja, ich habe eine Fernsehsendung gesehen, da haben sie gesagt, gerade die hoch begabten Kinder fallen oft durch Leistungsverweigerung auf. Und ich habe mir gleich ein Buch dazu gekauft mit einer Checkliste. Ich sage dir, mein Jean-Cédric ist ein Genie.»

Nina hat so ihre Zweifel, hält sich aber wohlweislich zurück.

«Was meint denn die Logopädin dazu?»

«Na ja, die gibt sich etwas bedeckt, aber wahrscheinlich ist sie einfach zu wenig versiert auf diesem Gebiet. Kann man ja von einer Logopädin auch nicht erwarten.»

«Und? Wie geht es jetzt weiter?»

«Ich habe mir Unterlagen von Schulen mit Förderprogrammen für hoch begabte Kinder kommen lassen, und nun werden wir entscheiden müssen, in welcher er am besten aufgehoben ist.»

«Das ist nicht einfach, sag ich dir, wir sind momentan in der gleichen Situation.»

Jetzt beugt sich Nina zu Katja hinüber und spricht etwas leiser. Es braucht ja nicht jeder zu wissen, dass ihre Tochter gescheitert ist. «Lara hat die Prüfung ins Gymnasium nicht bestanden, und nun sind wir auf der Suche nach einer guten Alternative.»

«Oje, das arme Kind, das tut mir aber Leid. Bestimmt ist sie sehr enttäuscht, und in ihrem Alter nagt ein solcher Misserfolg doch ziemlich am Selbstwertgefühl. Erst recht, wenn ihre Freundinnen bestanden haben.»

Das weiss sie also auch schon, denkt Nina und muss den kleinen Seitenhieb wohl oder übel einstecken.

«Ja, aber sie wird es schon überleben. Ausserdem hat sie ja in zwei Jahren nochmals eine Chance – und bis dann sieht doch alles wieder anders aus. Wichtig ist jetzt, dass wir die richtige Schule für sie finden, wo sie auch seriös auf die Prüfung vorbereitet wird.»

Katja rührt in ihrem Kaffee, obwohl es da gar nichts umzurühren gibt, denn sie trinkt ihn schwarz. Sie behauptet, dass sie ihn so mag, aber Nina vermutet, dass sie das eher der Figur zuliebe tut. Von hinten betrachtet, könnte man sie tatsächlich leicht mit einem zierlichen Teenager verwechseln.

«Das ist ein schwieriger Entscheid. Aber primär würde ich auf jeden Fall darauf achten, dass der Ausländeranteil dort nicht zu gross ist.»

Katja ist normalerweise politisch korrekt, deshalb wundert sich Nina nun doch ein wenig über diese Bemerkung.

«Warum denn das? Soviel ich weiss, geht auch eines deiner Kinder auf eine zweisprachige Schule, wo es Ausländer hat?»

«Ja sicher, aber ich meine nicht *diese* Ausländer. Dort sind es Amerikaner oder allenfalls noch Japaner; ich spreche von Kindern aus Jugoslawien, Albanien und so, die allein wegen ihrer mangelnden Sprachkenntnisse das Niveau in der Klasse negativ beeinflussen. Ganz abgesehen von allem andern.»

«Aber die können sich doch eine solche Privatschule gar nicht leisten.»

«Hast du eine Ahnung! Wenn sie nicht mehr tragbar sind in der öffentlichen Schule, dann übernimmt die Gemeinde diese Kosten. Die sind froh, wenn sie sie so loswerden.»

Davon hat Nina zwar noch nie etwas gehört, aber sie kann ja auch nicht alles wissen. Jedenfalls klaubt sie ihren Montblanc-Meisterstück-Füllfederhalter aus der Tasche, um sich ein paar Notizen zu machen.

«Ausserdem ist es natürlich ideal, wenn die Schule in der Nähe der Gymnasien liegt, denn dann müssen die Kinder den Weg nicht alleine machen.»

Das mag schon stimmen, hat aber auch noch einen weiteren Vorteil: Jeder, der Lara auf dem Bahnhof sieht, wird glauben, sie hätte es ebenfalls geschafft.

«Im Übrigen sollte die Schule unbedingt einen sehr hohen Prozentsatz von Kindern ausweisen, die die Aufnahmeprüfung ins Kurzzeitgymnasium geschafft haben. Das scheint mir überhaupt das Wichtigste.»

«Ja, da hast du ganz Recht», bestätigt Nina. Wie die Lehrer allerdings eine ganze Truppe unmotivierter und vielleicht auch nicht allzu intelligenter Kinder zum Lernen und vor allem zum Bestehen der Prüfung bewegen können, bleibt ihr schleierhaft. Aber bei einem Schulgeld von 20 000 bis 30 000 Franken jährlich ist wohl nichts unmöglich.

Nina bedankt sich für Katjas Hilfe und verspricht, sie auf dem Laufenden zu halten. Als sie bezahlen will, merkt sie allerdings, dass sie ihr ‹Taschengeld› von Eric bereits ausgegeben hat und praktisch blank ist. Schon aus lauter Höflichkeit hätte sie aber Katja einladen müssen, schliesslich hat sie sie ja zu diesem Treffen aufgeboten. Da fällt ihr ein uralter Trick ein, den einer von Erics Freunden oft an den Herrenabenden anwendet: einfach mal auf die Toilette verschwinden, möglicherweise übernehmen die anderen dann seine Rechnung. Und obwohl sie kaum daran glaubt und es ihr total peinlich ist, klappt es: Als sie zu ihrem Platz zurückkehrt, hat Katja bereits bezahlt und schlüpft gerade in ihre kurze Hirschlederjacke.

«Aber, Katja, ich wollte doch *dich* einladen, wo du mir so geholfen hast», heuchelt Nina.

Doch Katja winkt ab. «Schon gut, ich bin ein bisschen in Eile, weil ich noch einen Besprechungstermin mit der Sprachtherapeutin von Constance habe.»

Langsam habe ich es einfach satt. Nun habe ich schon unzählige Schulen abgeklappert, Berge von Dokumentationen durchgeackert und noch immer haben wir uns auf keine Schule für Lara einigen können. Mal ist sie zu gross, mal zu klein, mal zu weit entfernt, mal ist der Ausländeranteil zu hoch, mal ist sonst irgendetwas nicht optimal. Aber am allerschlimmsten sind die Info-Veranstaltungen. Da kommen sie alle daher, die ehrgeizigen Mamis und Papis mit ihren hochintelligenten Kindern, und kaum hat der Rektor ausgeredet und seinen Dia-Apparat mit den vielen rasend interessanten Organigrammen etc. ausgeschaltet, geht es mit den Fragen aus dem Publikum schon los.

«Ist die Lehrerschaft hier in der Lage, die speziellen Begabungen meines Sohnes zu erkennen und ihn entsprechend zu fördern?», fragte da doch allen Ernstes der Vater eines Jungen, der keine Sekunde von seinem Gameboy aufgeschaut hat. Die Antwort des Rektors, sie seien sehr wohl fähig, die Fähigkeiten eines Kindes einzuschätzen, hat ihn anscheinend nicht befriedigt, denn er packte seinen desinteressierten Sohn mitsamt seiner Frau, die seit Beginn der Veranstaltung praktisch ständig am Handy hing, und verliess kopfschüttelnd den Saal.

Und schon kam die nächste Frage: «Mein Kind is tweisprackig aufgewacksen, wird es nickt toutal underfoordert sein?», fragte eine Mutter, ohne dabei rot zu werden. Und um dem noch eins draufzugeben, setzte sie hinzu: «Kinder ohne English-Knowledge sollten andere School besuchen.» In der Art ist es weitergegangen, und bestimmt hat das Ganze noch Stunden gedauert. Das habe ich allerdings nicht mehr mitbekommen, denn nach fünf, sechs Fragen dieser Art verliess ich fluchtartig diese unsägliche Veranstaltung.

Ist ja klar, dass alle für ihre Kinder nur das Beste wollen. Aber muss man sich deshalb so saublöd aufführen? Einmal mehr habe ich mir jedenfalls vorgeworfen, mich zu wenig um die Kinder gekümmert zu haben. Vielleicht wäre es dann gar nicht so weit gekommen. Aber ich bin einfach nicht dazu gekommen. Das grosse Haus, der Garten, die vielen Einladungen – das braucht halt viel Zeit, und bei Frau Molinari und den Au-pairs waren die beiden doch immer gut aufgehoben. Trotzdem: Ich werde jetzt, da ich dank dem lieben Eric sowieso mehr oder weniger ans Haus gefesselt bin, mich mehr mit meinen Kindern befassen.

5

«Na, ihr zwei? Wollen wir heute zusammen etwas unternehmen?»

Es ist Mittwochnachmittag, Lara und Marc wollen sich gerade über die köstlich duftende Lasagne von Frau Molinari hermachen – und da kommt ihre Mutter mit einem derart absurden Vorschlag.

«Ich dachte, du seist der Meinung, wir hätten schon genug Klamotten», erwidert Lara.

«Die Rede ist doch nicht vom Shoppen, ich meine einfach, dass wir mal was zu dritt unternehmen könnten, etwas, was uns allen Spass macht», erklärt Nina geduldig.

«Etwas unternehmen? Mit dir? Warum denn?», will Marc wissen.

«Ich dachte ja nur. Ihr habt frei, da könnten wir doch gemeinsam etwas machen», meint Nina, die ihren Vorschlag schon fast wieder bereut.

«Aber Mama», meldet sich jetzt auch Lara, «das letzte Mal, als wir gemeinsam etwas unternommen haben, sass Marc noch im Kinderwagen und wir haben am See unten Entlein gefüttert.»

Nina ist die Situation peinlich, erst recht, weil auch Frau Molinari in der Küche herumwerkelt und das ganze Gespräch mitbekommt, selbst wenn sie sich nichts anmerken lässt.

«Aber das stimmt doch gar nicht, Lara, gerade wir zwei waren doch öfters zusammen unterwegs.»

«Ja, in die Stadt zum Shoppen. Und zum Zahnarzt hast du mich und Marc auch gebracht. Und in die Reitstunden, ins Englisch oder ins Ballett. Aber richtig etwas unternehmen? Da kann ich mich nicht dran erinnern.»

Der leicht vorwurfsvolle Unterton macht Nina nachdenklich. Hat ihre Tochter wirklich Recht? Sie denkt nach, aber da tauchen vor ihrem inneren Auge keine Bilder von ihr und den Kindern beim Schlittschuhlaufen auf der Kunsteisbahn oder im Kinderzoo auf. Auch an gemeinsame Spaziergänge im Wald mit Würstebraten, Eile-mit-Weile-Spielen oder Weihnachtsgeschenke-Basteln kann sie sich nicht erinnern – solche Ereignisse hat es gar nicht gegeben.

Schwimmen gelernt haben die Kinder in irgendeinem Pool in der Karibik bei einem Schwimmlehrer, das Schlittschuhlaufen haben sie sich mit Freunden selber beigebracht, Ausflüge in den Zoo oder ins Dino-Museum haben die Grosseltern übernommen, und Weihnachtsgeschenke gebastelt haben sie schon gar nicht – da wurde einfach irgendetwas gekauft.

Wenn sie ganz ehrlich ist, dann hat sie die typischen Mütter-Kinder-Beschäftigungen meistens delegiert an andere – und damit etwas verpasst, das jetzt nicht mehr aufzuholen ist. Sogar die Schulbesuchstage hat sie wenn irgendwie möglich ‹geschwänzt›. Im Grunde genommen hat sich das Interesse an ihren Kindern und deren Leben beschränkt auf die gerade Zahnstellung und die passende Kleidung. Und jetzt ist Marc bald 11 Jahre alt und Lara wird demnächst 13. Da kann man an einer Hand abzählen, wie viele Jahre die beiden überhaupt noch auf sie angewiesen sind – mal abgesehen vom Finanziellen, und auch da sind sie ja eigentlich auf Eric angewiesen und nicht auf sie.

Aber so schnell gibt Nina nicht auf.

«Wir könnten doch zusammen in den Botanischen Garten gehen, zu dieser Jahreszeit steht der in voller Blüte. Habt ihr keine Lust?»

«Also den Botanischen Garten finde ich ganz besonders ungeil, Mann», meint Marc mit vollem Mund. «Den haben wir erst gerade mit der Schule besucht.»

«Das wusste ich ja gar nicht.»

«Ich habe dir einen Zettel mitgebracht, aber wahrscheinlich hast du ihn gar nicht gelesen.»

Nina seufzt. Da könnte er Recht haben. Auf der Anrichte stapelt sich ein kleiner Haufen Briefe von der Schule, wo es mal um Mediation, mal um Schulausfälle oder die verstärkte Einbindung der Eltern in die Schule geht – und das interessiert sie nun wirklich nicht.

«Aber du, Lara, hättest du Lust mitzukommen?»

«Nein danke, ich habe heute mit der Chrissie abgemacht, wir wollen zusammen ein bisschen chatten und so.»

«Chatten? Also vor dem Computer hocken? Warum geht ihr nicht nach draussen bei dem schönen Wetter?»

«Chatten ist eben spannend, da trifft man jede Menge Leute.»

«Aber Leute treffen kannst du doch auch so, du kannst sie ja auch hierher einladen, wenn du möchtest.»

Jetzt meldet sich Marc zu Wort.

«Die doofe Lara darf Leute einladen, und wenn der Zlatko zu mir kommen will, dann heisst es immer, das geht nicht. Das finde ich Scheisse, Mann.»

«Sag nicht Scheisse, und schon gar nicht am Tisch», weist Nina ihn zurecht. «Und warum ich den Zlatko nicht hier haben will, das habe ich dir doch schon zig Mal erklärt.»

«Nur weil er mal beim Fussballspielen im Garten bei einem genialen Fallrückzieher auf die Poolabdeckung gefallen ist, deshalb ist er doch trotzdem mein Freund, Mann.»

«Hör bloss auf mit diesem ‹Mann›, wir sind doch hier nicht in einem serbokroatischen Jugendtreff. Im Übrigen hat er weder die Kosten für die neue Abdeckung übernommen noch hat er sich jemals entschuldigt.»

«Wie soll er die denn auch bezahlen, der hat ja kein Geld, Mann. Die Eltern sind arbeitslos, die ganze Sippe wohnt in einer kleinen Wohnung.» Das kehlige ‹Mann› kann er sich gerade noch verkneifen.

«Das weiss ich. Und der eine Bruder kifft, der andere fährt Auto wie ein Irrer und die Schwester sieht aus wie eine Prostituierte. Ich finde, das ist definitiv nicht der richtige Umgang für dich.»

«Soll ich mich denn lieber mit Tibor, dem Hirni, oder Gregor, dem Doppelhirni, herumschlagen, Mann?»

«Ich weiss gar nicht, was du gegen die Kinder von Kiki hast, das sind doch zwei flotte junge Burschen.»

«Flott? Das sind doch stinklangweilige Spiesser, die tragen Khakihosen – wäk! – und wenn man ihren Laptop anfasst, bekommen sie noch mehr Pickel, als sie ohnehin schon haben.»

«Aber es gibt doch bestimmt noch andere nette Buben. Hast du denn sonst keinen Freund in deiner Klasse?»

«Doch, den Omar, aber den willst du bestimmt auch nicht hier haben. Seine Mutter und seine drei Schwestern tragen Kopftücher.»

«Kopftücher?», seufzt Nina, um dann in gefassterem Ton weiterzufahren. «Omar? Von dem hast du noch nie etwas erzählt. Also, ich schlage vor, du lädst ihn mal ein und stellst ihn mir vor.»

Das war ein ziemlicher Schlag ins Wasser. Die beiden haben geschaut wie die Kuh, wenns blitzt, als ich sie fragte, ob sie was mit mir unternehmen möchten. Ich bin wohl mit diesem Vorschlag einige Jahre zu spät dran. Lara würde allenfalls mit zum Shoppen kommen – was momentan ohnehin wegfällt –, und Marc könnte ich vielleicht noch dazu überreden, mit mir im Kino einen Film anzuschauen, der erst ab 14 freigegeben ist. Alles andere kann ich vergessen.

Immerhin habe ich mir vorgenommen, mehr Interesse für den Schulalltag und die Freunde der beiden zu zeigen. Hauptsache, Marc schleppt diesen unsäglichen Zlatko nicht mehr an, der war wirklich mühsam, wusste sich überhaupt nicht zu benehmen, hat aus seinem Polyester-Fussballerhemd gemüffelt, dass ich gleich sämtliche Fenster aufreissen musste, nachdem er gegangen war. Und dass er beim Fussballspielen auf die Poolabdeckung gesprungen ist, wäre auch nicht nötig gewesen. Ganz klar, dass man von seiner Familie keinen müden Rappen gesehen hat, und auch er selber konnte sich nicht dazu aufraffen, sich wenigstens zu entschuldigen oder anzubieten, beispielsweise als Gegenleistung im Garten zu helfen. Obwohl: Im Garten müsste ich den schon gar nicht haben. Aber anscheinend hat Marc einfach keine anderen Freunde, abgesehen von Omar, den ich ja demnächst auch kennen lernen werde. Aus unserem Quartier geht kaum mehr jemand in seine Schule, und als ich ihn letzthin abholte, hat ihm eine ganze Horde «Fuck – da kommt Dagobert Duck» hinterhergerufen. Er ist scheinbar nicht allzu beliebt da, weil er aus

*anderen Kreisen stammt. Aber nach der sechsten Klasse
werden wir schauen, dass er in ein anderes Umfeld kann.
Wie soll er denn auch etwas lernen, wenn die in der Schule all den Zlatkos, Omars und Dragomirs erst noch Deutsch
beibringen müssen?*

Nach einigen Wochen intensiver Recherche, wie Nina das
Sammeln von Informationsbroschüren, ein paar Telefo-
nate sowie einige wenige Infoveranstaltungen nennt, wird
es langsam Zeit, sich für eine Schule für Lara zu entscheiden. Eric ist ihr da keine grosse Hilfe, und Lara ist es egal,
Hauptsache, die Schule ist in der Stadt und die Anforde-
rungen sind nicht allzu hoch.

An einem regnerischen Frühsommermorgen listet Nina
sämtliche Möglichkeiten mit ihren Vor- und Nachteilen
auf. Die Höhe des Schulgeldes rangiert dabei ganz hinten,
denn Geld spielt ja glücklicherweise in ihrer Familie kaum
eine Rolle. Davon zumindest ist Nina überzeugt.

*Die ganze Mühe umsonst! Stunden, Tage habe ich damit
verbracht, für Lara die beste Schule zu finden. Und als ich
mich endlich entschieden habe, kommt Eric und fragt nach
dem Schulgeld. Man stelle sich vor: Der will nicht wissen,
was die Schule bietet, welche Chancen Lara dort hat, was
für Leute ihre Kinder dahin schicken – nein, er will nur
gerade wissen, wie viel ihn die Ausbildung seiner Tochter
kostet. Und dann – das ist der Gipfel – lehnt er es kalt
lächelnd ab, so viel zu bezahlen.*

*«Ich bezahle jede Menge Schulsteuern in dieser Kuhge-
meinde, da werd ich doch nicht einer anderen Schule noch
einen Haufen Geld nachwerfen.»*

Das war eher untypisch für ihn, wo ihm doch nichts zu teuer ist für seine Prinzessin. Jedenfalls hat er ihr bis jetzt noch praktisch jeden Wunsch erfüllt, und selbst ein Pferd hätte er ihr gekauft, wenn ich mich nicht dagegen gewehrt hätte. (Ich hasse diesen Pferdestallgeruch, den sie immer nach der Reitstunde mit nach Hause gebracht hat.) Seine Reaktion machte mich natürlich stutzig, und schliesslich rückte er damit heraus, dass die Geschäfte längst nicht mehr so rosig laufen wie auch schon. Offenbar gehört er nicht mehr zur Crème de la Crème der Vermögensberater.

Tatsächlich sind wir dieses Jahr nicht bei der Familie Meierhans zum Frühlingsfest eingeladen worden, wo sich nur sorgfältig ausgewählte Gäste treffen. Meierhans ist mir zwar mit seinem neureichen Getue ziemlich unsympathisch, und mit seinen immer jüngeren und blonderen Freundinnen hab ich auch nie was anfangen können. Aber die Einladung zum Frühlingsfest ist ein gesellschaftliches Muss – selbst wenn man dafür ein paar Stunden in seiner grauenhaft eingerichteten Villa verbringen muss. Ich meine, wer lässt sich denn den Fussboden in einem Schwarzweiss-Muster auslegen, bei dem jeden der Schwindel packt und in Amerika bestimmt ein Schild mit einer Warnung für Epileptiker stehen würde?

Mit viel Mühe habe ich Eric jedenfalls zu einer etwas günstigeren Privatschule überreden können, und zum Dank habe ich für die Nacht ein schwarzes Seidennegligé angezogen. Er hat dies als Verführungsversuch gewertet, ist damit allerdings ziemlich danebengelegen, zumindest was meine Lust auf ihn betroffen hat. Egal, er hat ‹es› wie immer toll gefunden, mir hat es keine grosse Mühe gemacht. Sex ist halt nach wie vor das beste Bestechungsmittel.

Darüber sind sich auch Ninas Freundinnen einig, die sie kurz darauf zu sich nach Hause einlädt – was viel billiger ist, als mit ihnen ins Café Sprüngli zu gehen. Zum Five o'Clock Tea gibts natürlich Tee (den hat sie vorrätig) und Gurkencanapés (sehr stilvoll und erst noch preiswert) – wobei der Tee bald einmal von Champagner (aus Erics Beständen) abgelöst und die Diskussion der fünf Frauen entsprechend freizügiger wird.

«Ich garantiere dir, kein Mann würde mit einem Stück Zahnseide zwischen den Pobacken herumlaufen», sagt Eliza, die sich über den mangelnden Tragkomfort von Strings ereifert.

«Stimmt! Wenn Strings tatsächlich eine Erfindung wären, die was taugt, dann würden sie doch auch von unseren Männern getragen», doppelt Katja nach.

«Ja, aber stell dir doch mal vor, so ein behaarter Männerhintern in einem String – igitt – da sinkt bei mir die Lust auf unter null, kann ich euch sagen», kichert Nina und schenkt ihren Freundinnen nochmals die Gläser voll.

«Wo doch in Sachen Sex eh schon nicht so viel abgeht, wenn man ganz ehrlich ist. Oder ist das bei euch etwa anders?» Jetzt will es Eliza, der man die Wirkung von Erics Jahrgangschampagner langsam anmerkt, genau wissen.

«Ach was, die Sonntagmorgennummer, und damit hat sichs, ist doch immer das Gleiche», stöhnt Nina, «da kommt ja beim Bügeln mehr Lust auf.» Wobei ihr einfällt, dass sie schon seit Jahren nicht mehr gebügelt hat.

«Also, ich nutze jeweils die Gelegenheit, um darüber nachzudenken, mit welchen Teilen ich meine Garderobe ergänzen könnte», sagt Claudia, und die anderen Frauen brechen in Gelächter aus.

«Tatsächlich?» Aber Nina muss sich eingestehen, dass sie meistens auch nicht bei der Sache ist und je nachdem an Gästelisten, Tischdekorationen oder der Wirksamkeit ihrer neuen Cellulitecreme herumstudiert.

«Aber sicher, und ich gehe jede Wette ein, dass das Christian total egal ist. Ich frag mich manchmal, wieso ich das überhaupt noch mitmache, ist doch die Langeweile pur. Und dafür müssen wir uns jahrelang mit Pille oder Spirale herumschlagen?»

«Also ich nehme die ‹Diane 35› vor allem, weil diese Pille gut für die Haut ist. Wegen dem Sex allein würde es sich kaum lohnen», erklärt Katja.

«Man darf aber nicht vergessen, dass Männer niemals leichter herumzukriegen sind, als wenn man ihnen eine heisse Nummer geboten hat», wirft Eliza ein.

«Da hast du Recht: Ihre Grosszügigkeit, ihre Freundlichkeit und die gute Laune sind praktisch direkt abhängig von der Anzahl Orgasmen, die man ihnen verschafft», bringt es Kiki auf den Punkt.

«Trotzdem haben sie zum Dank für unsere Bemühungen nichts Gescheiteres zu tun, als immer mal wieder unter fremde Röcke zu schielen – wobei es oft ja nicht beim blossen Schielen bleibt», wendet Claudia ein und fährt mit den beringten Händen durch ihre neue Frisur.

«Warum machen wir es ihnen nicht nach?», will jetzt Kiki wissen, die bisher nicht viel zur Diskussion beigetragen hat.

«Du meinst, wir sollten uns einfach einen knusprigen jungen Kerl halten, der noch weiss, was Sache ist?» Eliza wirkt ein bisschen irritiert und zupft sich fast symbolisch den (zu) engen, kurzen Rock über die Knie.

«Ja sicher! Man braucht das ja nicht an die grosse Glocke zu hängen, oder?» Ganz offensichtlich hat Kiki diesbezüglich schon einige Erfahrungen – und Nina beneidet sie ein bisschen darum.

«Aber Treue gehört doch zur Ehe, findest du nicht? Willst du denn wegen ein bisschen Sex eine ganze Familie zerstören?» Katja ist sehr skeptisch – immerhin hat sie eine katholische Erziehung genossen, und auch bei ihren Kindern achtet sie streng darauf, dass diese sämtliche katholischen Rituale wie Unterricht, Erstkommunion und so weiter durchlaufen. Selber ist sie allerdings ein schlechtes Vorbild, denn regelmässiger Kirchgang gehört nicht zu ihrem Wochenprogramm.

«Warum die Familie zerstören? ‹Was ich nicht weiss, macht mich nicht heiss›, sagt man doch, also muss man einfach dafür sorgen, dass die Sache nicht auffliegt», erklärt Kiki.

Nina überlegt kurz: «Ist das nicht ein wahnsinniger Stress?»

«Stress? Mag sein, aber das macht das Ganze doch nur noch prickelnder.» Ganz offensichtlich ist dieses Thema für Kiki mehr als reine Theorie.

Einen kurzen Moment lang wird es still in Ninas gestyltem Living-Room. Es macht ganz den Anschein, als träumten all diese Frauen, die scheinbar alles haben, was man sich wünschen kann, von einer feurigen, geheimen Beziehung zu einem knackigen jungen Mann – und wunderbarem Sex.

Hab ich mirs doch gedacht: Die Kiki spielt nicht nur Golf, sie spielt auch mit dem Golflehrer. Kein Wunder, macht sie immer einen so strahlenden Eindruck. Ich frag mich nur, wie sie das organisiert. Golf spielen ist ja eines, aber wo treffen sich die beiden für den anderen Sport? Anderseits: Wenn es um guten Sex geht, dann lässt man sich schon was einfallen. War ja auch bei mir nicht anders, als ich noch Studentin war. Danach gab es nur noch Eric, was ja zu Beginn auch ganz okay war. Nach den Kindern blieb die Lust allerdings ziemlich auf der Strecke, und irgendwie haben wir es wohl verpasst, ein bisschen Pfeffer in die ganze Sache zu bringen. Zu spät ist es zwar noch nicht dafür, aber wie würde Eric wohl reagieren, wenn ich plötzlich in Lederunterwäsche die Peitsche schwingen würde? Also bei dem Gedanken bekomme ich einen Lachkrampf, doch wer weiss, dem Eric würde das wahrscheinlich sogar noch gefallen – und mir vielleicht auch?

6

Das Leben an der Goldküste hat viele Vorzüge. Einer davon ist die herrliche, möglichst unverbaubare Sicht auf den See. An schönen Tagen können hier die Menschen von ihren Gärten oder Terrassen aus die vielen Segelschiffe und Motorboote wie kleine Spielzeuge auf der glänzend blauen Fläche beobachten. Natürlich hat der eine oder andere auch ein Boot in einem der vielen Segel- und Yachtclubs liegen, aber die meisten sind viel zu beschäftigt mit Beruf, Ferienhaus, Reisen und weiteren Hobbys wie Golf oder Tennis, um mit ihren schönen Motorbooten der Marken Bösch oder Pedrazzini allzu oft über den See zu flitzen. Und zum Segeln ist der Zürichsee wegen der schlechten Windverhältnisse ohnehin nicht sonderlich geeignet. Gesegelt wird deshalb, wenn überhaupt, lieber auf dem Meer, und so ein Törn ist auch immer ein guter Gesprächsstoff für Partys oder Essenseinladungen.

Abgesehen von den Südanflügen morgens früh und abends, gegen die selbst die Goldküstler machtlos sind, stören im Sommer nur gerade die Rasenmäher die friedliche Idylle. Strassenlärm gibt es kaum, denn normalerweise verkehren hier nur die Frauen mit ihren Geländewagen, die Männer mit luxuriös-sportlichen Limousinen und dann noch die Lieferanten, die fangfrische Seezunge, Jahrgangsweine oder üppige Blumensträusse anliefern. Ab und zu parken auch noch die Kombis und Kleinlaster von Handwerkern auf den sauber gewischten Garagenvorplätzen, denn an den Villen – egal ob alt oder neu – gibt es immer mal etwas zu reparieren und zu renovieren, und wenn es dabei nur darum geht, die Damen des Hauses zu beschäftigen. Ansonsten ist nicht allzu viel los im Quartier.

Da fällt es natürlich sofort auf, wenn drei Umzugslastwagen die schmale Strasse verstopfen. Dieses aussergewöhnliche Ereignis weckt nicht nur Ninas Neugierde. Auch Eliza hat mitbekommen, dass da etwas läuft – obwohl sie ständig behauptet, sie hätte ja gar keine Zeit, darauf zu achten, was sich in der Nachbarschaft tut. Und sie hat auch bereits herausgefunden – ihre Quellen verrät sie nie –, dass die Familie Schneider wegzieht.

«Aber warum das denn? Die haben doch erst vor einem Jahr ihr Haus renovieren und den Pool vergrössern lassen?» Nina erinnert sich lebhaft an die langfädigen Ausführungen von Frau Schneider an der Kasse im ‹Oggenfuss›. Sie hat mit Fachausdrücken aus der Innendeko-Szene nur so um sich geworfen, dabei wild mit ihrem Chanel-Täschchen geschlenkert, über den Stress, den die unfähigen Handwerker bei ihr verursachen, gejammert und schliesslich – winke, winke – mit den paar frischen Morcheln, die sie erstanden hat, endlich den Laden verlassen. Nina kennt diese Frau nur flüchtig. Sie ist niemals in ihrem Haus gewesen und hat sie allenfalls mal auf irgendeiner Party gesehen, sich aber nicht mit ihr unterhalten. Zu ihrem Freundes- und Bekanntenkreis zählt sie die Schneiders jedenfalls nicht.

Eliza fährt fort: «Ihm gehört doch die Firma, die mal grossen Erfolg mit irgendwas im Internet gehabt hat. Und jetzt läufts anscheinend nicht mehr so rund oder sogar überhaupt nicht mehr. Sie behauptet zwar, sie müssten aus beruflichen Gründen ins Ausland ziehen, aber ein Freund von Christian hat erzählt, dass der Peter tief verschuldet sei und jetzt halt auch die Hypotheken und den Unterhalt für das Haus nicht mehr bezahlen könne.»

«Aber die Schneider kommt doch immer mit den neusten Kollektionen daher, und zweimal im gleichen Outfit würde die nicht mal das Badezimmer betreten.»

«Ja, den Eindruck macht sie schon, aber hinter der schönen Fassade lauert offenbar der Pleitegeier.»

Nun wird sie ihr blödes Chanel-Kostümchen etwas länger als eine Saison tragen müssen, die dumme Kuh. Anscheinend hat seine Firma die Schraube gemacht, aber einfach mal ein bisschen zurückstecken, das liegt ja nun nicht drin. Und dann noch behaupten, sie müssten ins Ausland – ha! Wahrscheinlich ziehen sie in irgendeine Gegend, wo die Häuser noch richtig billig zu haben sind – und wo auch keiner merkt, dass ihre Tasche aus dem Ausverkauf stammt. Einen Laden hat es dort aber ganz bestimmt, wo sie dann allen, die es wissen wollen oder auch nicht, auf die Nase binden kann, dass sie gerade ‹oben› war, also in ihrem Ferienhaus im Engadin. Aber damit ist es ja jetzt vielleicht auch vorbei. Notfalls sperrt sie sich mit ihrer Familie zwei Wochen ein und legt sich unter die Höhensonne, damit keiner merkt, dass das Geld nicht mal mehr fürs Skifahren im Toggenburg reicht. Jedenfalls möchte ich nicht in ihrer Haut stecken. Aber zum Glück kann uns das nicht passieren.

Da könnte sich Nina allerdings gewaltig täuschen. Auch in Erics Geschäft sieht es nicht so rosig aus, wie er sich das wünschen würde. Seine Klienten sind wegen der angespannten Wirtschaftslage sehr zurückhaltend mit Investitionen, und obwohl er sich um risikofreudigere Neukunden bemüht, tut sich kaum etwas. Bei der Diskussion um Laras Schulgeld hat er die Sache vielleicht etwas dramatisiert, aber jetzt, ein paar Wochen später, sieht es keineswegs besser aus – im Gegenteil. Zwei weitere Kunden sind abgesprungen, und wenn er diese Lücke nicht bald füllen kann, dann würden sie sich ziemlich einschränken müssen. Wenigstens sind einstweilen die horrenden Kreditkartenrechnungen von Nina kein Thema, und er hofft, dass Lasalle sein Geld wert ist und es ihm gelingt, Nina von ihrer Kaufsucht zu befreien.

«Eric, in einem Monat hat Lara Geburtstag, und wie du weisst, braucht das einiges an Vorbereitungen.»

«Aber sicher. Sie soll einen Wunschzettel schreiben, dann werden wir sehen, was wir für sie kaufen.»

«Die Geschenke sind nur das eine, sie will auch eine wirklich gute Geburtstagsparty.»

«Ach, ein bisschen Kuchen und ein paar Spiele, das ist doch nicht eine so grosse Sache.»

«Eric, Lara wird *dreizehn* – da interessiert sie sich ganz bestimmt nicht für Blinde-Kuh-Spiele und Ähnliches.»

Da hat sie allerdings Recht. Als Eric Lara das letzte Mal zufällig in Unterwäsche gesehen hat, hat er sich eingestehen müssen, dass seine kleine Prinzessin inzwischen eindeutig den Körper einer Frau hat – und diese Tatsache auch noch mit einem knappen Slip und einem passenden spitzenbesetzten Push-up-BH betont.

«Ja, was will sie denn dann?»

«Ganz einfach: eine richtige Disco.»

«Wie stellt sie sich das vor?»

«Sie möchte die Gartenhalle dekorieren lassen mit einer Disco-Kugel und allem, was dazugehört.»

«Und dann soll ich wohl auch noch einen DJ engagieren für die Musik.»

«Ganz genau, und zwar nicht irgend so einen Landdisco-Unterhalter, sondern einen, der auch im ‹Kaufleuten› auflegt, zum Beispiel DJ Tatana oder so was in der Grössenordnung.»

Eric hat zwar keine Ahnung, wer DJ Tatana ist, aber das ‹Kaufleuten› kennt er und kann sich deshalb in etwa ausrechnen, dass es hier mit einem Trinkgeld nicht getan ist.

«Ja, ist das Kind denn wahnsinnig? Hat die eine Ahnung, was das kostet? Und dann natürlich noch ein kaltes Buffet von einem Catering-Service, ein ganzes Set neuer Disco-Klamotten, Coiffeur, Schuhe, Maniküre – was sonst noch?»

«Die Mitgebsel hast du noch vergessen.»

«Mitgebsel? Was soll das denn sein?»

«Na ja, das ist eine Kleinigkeit, die das Geburtstagskind seinen Gästen nach der Party mit nach Hause gibt.»

«Das versteh ich nun nicht. Ist es nicht so, dass, wer Geburtstag hat, beschenkt wird, und nicht umgekehrt? Oder habe ich da was falsch verstanden?»

«Nein, nein, natürlich nicht. Lara bekommt von ihren Gästen ein Geburtstagsgeschenk, aber als eine Art Dank dafür, dass alle gekommen sind, gibt es eben ein Mitgebsel.»

«Lara soll sich also dafür bedanken, dass sie einen Abend lang ein paar Teenager mit teuren Häppchen füttern durfte, untermalt von der Musik irgendeines prominenten DJs? Das scheint mir eine recht absurde Idee.»

Nina wird langsam ungeduldig.

«Mag sein, dass du das seltsam findest, aber das ist halt so üblich.»

«Nun gut, aber was wird denn da so ‹mitgegebselt›?»

«Also beim Geburtstag von Katjas Cécile hat jedes Mädchen ein Handytäschlein bekommen, das mit Sprüngli-Truffes gefüllt war.»

«Und was hast du Laras Gästen denn letztes Jahr mitgegeben?»

Nina sinniert eine Weile, aber es fällt ihr nicht mehr ein. Gut, dass sie immer eine Liste führt über Geschenke, die sie anderen machen, die sie erhalten, und natürlich auch über die Mitgebsel.

«Das kann ich dir jetzt nicht gerade sagen, aber ich glaube, es waren die witzigen Flip-Flops von Diesel oder Miss Sixty oder was.»

«Die waren ganz bestimmt spottbillig, kann ich mir vorstellen.»

«Das nun gerade nicht, aber willst du denn, das Lara vor den anderen wie ein Arme-Leute-Kind dasteht?»

Wenn du so weitermachst, wird es schon noch so weit kommen, denkt sich Eric, aber um eine mühsame Diskussion zu vermeiden, sagt er lieber nichts.

Das war ein Kampf, aber jetzt habe ich Laras Wunsch nach einer Disco durchgesetzt. Und auch einen neuen Laptop habe ich Eric abringen können. Ein paar Kleinigkeiten kommen auch noch dazu, was Neues zum Anziehen und so, aber richtig in Shoppinglaune versetzt mich das denn doch nicht. Eric, der alte Knauser, will mich mit ein bisschen Bargeld abspeisen. Da komme ich doch nirgends hin damit. Dabei sind die Kindergeburtstage doch fast genau-

so wichtig wie die Sommerpartys oder die grossen Abend-
gesellschaften im Winter. Der hat ja keine Ahnung, wie
heutzutage Geburtstag gefeiert wird. Der professionelle
Zauberer ist noch das Billigste. Katja hat mal extra das
Wohnzimmer auf Barbie-Haus umstylen lassen, die Kinder waren barbiemässig gekleidet, und als Mitgebsel hat
es für jedes Kind eine Barbie der neusten Serie mit verschiedenen Kleidersets gegeben.

Und Eliza ist letztes Jahr mit Luca und seinen Freunden
übers Wochenende nach St. Moritz zum Snowboarden
gefahren – natürlich inklusive Skipass, Privat-Snowboard-
lehrer und 5-Sterne-Hotel. Und da sollen wir nicht mit-
halten können?

In meiner Wut habe ich das am nächsten Tag in der Therapie auch alles noch dem Lasalle erzählt – als ob das den
etwas angehen würde. Und seine Frage «Wie fühlen Sie
sich dabei?» ist natürlich so sicher wie das Amen in der
Kirche gekommen. Blöderweise habe ich gesagt, ich fühle
mich total abhängig, worauf er meinte, das könne ich ja
auch ändern. Ein echter Scherzkeks, der Mann, woher soll
ich denn das Geld nehmen? Zugegeben: Ein bisschen hat
er ja schon Recht, hätte ich eigenes Geld, müsste ich nicht
bei Eric darum bitten – und ihn wenn möglich auch noch
mit nächtlichem Geplänkel bei Laune halten. Das stinkt
mir sowieso ganz besonders: Sex ist quasi obligatorisch,
eheliche Pflicht pur. Hauptsache, sie haben ihren Spass, ob
ich das so anregend finde wie das Börsenbarometer im
Fernseher, das ist Eric doch egal. Dem Lasalle habe ich das
natürlich nicht erzählt, der ist ja auch ein Mann, und mein
freudloses Liebesleben will ich mit dem schon gar nicht
analysieren.

Die folgenden Wochen sind mit den Geburtstagsvorbereitungen angefüllt. Die Liste, die Nina mit all den Pendenzen führt, wird lang und länger, und sie hängt praktisch ständig am Handy, um mit Lieferanten, Handwerkern, Stylisten und ihren Freundinnen zu telefonieren.

Schliesslich ist es so weit: Die Gartenhalle könnte ebenso gut eine angesagte Disco in einem bekannten Ferienort sein, und die Partygäste kommen wie aus einem Mode- und Lifestylemagazin geschnitten daher. Tatsächlich hat Nina auch einen Profifotografen engagiert, der unauffällig Bilder schiesst und danach, in Zusammenarbeit mit einem Grafik-Team, eine Art Geburtstagszeitung kreiert. ‹Lara› soll sie heissen in Anlehnung ans ‹Gala›, und natürlich werden auch der Schriftzug und das Layout von diesem Magazin kopiert. Auf diese Idee ist Nina besonders stolz, und natürlich erzählt sie davon ihren Freundinnen, die zum obligaten Cüpli bleiben, nachdem sie ihre Kinder ‹angeliefert› haben.

«Eine tolle Idee. Wenn ich so viel Zeit hätte wie du, würde ich so was auch gerne machen», sagt Eliza, um einmal mehr auf ihren stressigen Alltag hinzuweisen und alle anderen damit zu nerven.

«Ja wirklich, das gibt doch ein bleibendes Andenken an ein schönes Fest», sagt Katja etwas gezwungen. Sie ist nämlich ziemlich sicher, dass ihre Mädchen sehr viel lieber ein ‹richtiges› Mitgebsel wie ein Schminkset oder die neue CD von Pink oder Britney Spears gehabt hätten.

Kiki hört schon gar nicht zu, ihren beiden Teenagern Gregor und Tibor ist es total egal, ob sie einen Walkman oder das neue Sims-Spiel bekommen. Im Moment finden sie nämlich sowieso alles Mist, und das zeigen sie auch deutlich. Grund genug für Kiki, ihre Golfstunden mit dem neuen jungen Lehrer aus Argentinien zu intensivieren. Sein herausfordernder Blick liess letztes Mal sehr wohl darauf schliessen, dass er noch ganz andere Dinge kann als den Golfschläger schwingen.

Geburtstage sind einfach der absolute Super-GAU im Leben einer Mutter. Statt dass man selber ein bisschen feiern könnte, wenn alle gegangen sind, ist man nur noch froh und dankbar, dass die ganze Sache wieder für ein Jahr vorüber ist, und sinkt komplett erledigt ins Bett. Die Kinder stressen gewaltig, noch viel schlimmer sind aber die Mütter. Bis die mal endlich wieder abschwirren, nachdem sie ihre Brut abgeladen haben, ist die Party praktisch vorüber. Das Gejammer über unfähige Gärtner, vermooste Pools und kränkelnde Au-pairs kann ich bald nicht mehr hören. Haben die denn sonst keine Probleme? Manchmal frage ich mich, ob ich wirklich auch so eine doofe Nuss bin. Vielleicht sollte ich mal versuchen, mich wie eine Fremde zu sehen: schulterlange Haare, blaue Augen, relativ faltenfreie Haut, mittelgross, mittelschlank, eigentlich überhaupt nichts Besonderes. Richtig hässlich bin ich nicht, aber ohne Diamantohrstecker, Designerkleider, blondiertes Haar und wohl dosierte Schminke, dazu ein teurer Duft, unterscheide ich mich kaum von einer Kassiererin im Globus. Und das deprimiert mich. Vielleicht sollte ich mit Lasalle darüber sprechen?

Lange versinkt Nina aber nicht in ihren trüben Gedanken, denn Isa hat sich angekündigt. «Meine Schwester Thesa heiratet, und das ist doch eine gute Gelegenheit, good old

Switzerland wieder mal zu besuchen. Da kann sich der Randolph eine Zeit lang rund um die Uhr mit den Kindern herumschlagen – was meinst du, wie der froh ist, wenn ich wieder zurück bin? Jedenfalls freue ich mich, dich endlich wieder in meine durchtrainierten Arme zu schliessen. Also, machs gut, und bis bald.» Isa hat früher als Journalistin gearbeitet und auf einer Pressereise nach Australien Randolph kennen gelernt, der dort eine Schaffarm betreibt. Er ist ein grosser, blonder Mann, der kräftig zupacken kann – das hat der zierlichen, dunkelhaarigen Isa gepasst. Sie ist nur noch kurz zurückgekehrt, um ihren Haushalt aufzulösen, und seither kommt sie selten in die Schweiz zurück.

«Ich weiss, ich bediene da einige Klischees, so nach dem Motto ‹Journalistin findet Naturburschen und steigt aus, und sie bekommen viele schöne Kinderlein und sind zusammen mit vielen Schafen ganz, ganz glücklich›. Aber der Randolph ist bisher das Beste, was mir begegnet ist, und der lebt halt am anderen Ende der Welt», hat sie Nina erklärt, und diese freute sich für Isas Glück – auch wenn sie nie im Leben mit ihr hätte tauschen wollen. Überall Schafe? Totale Einsamkeit? Und ein bescheidenes Häuschen mitten im Niemandsland? Keine Shops, keine Restaurants, keine Museen, Kinos, Fitnesscenter? Nein danke.

«Also, euer Haus, das sieht ja toll aus.»

Isa steigt aus dem Wagen aus und schaut sich um. Sie sieht Ninas Zuhause zum ersten Mal und ist ziemlich beeindruckt.

«Und riesig ist es, da habt ihr ja jede Menge Platz. Muss ganz schön was zu tun geben, das alles richtig in Schuss zu halten.»

«Ja, es ist viel Arbeit, aber wir haben Frau Molinari, die arbeitet wirklich gut, und schliesslich hat sie ja auch noch Unterstützung von einem Putzinstitut.»

«Na, dann kannst du dich ja ungestört dem Garten widmen», meint Isa.

«Ja, das ist schon ein wenig meine Domäne», schwindelt Nina, «aber ganz allein schaffe ich das natürlich nicht. Da muss mir der Gärtner schon ab und zu etwas unter die Arme greifen.»

«Ist ja auch ein grosser Garten, aber muss einfach herrlich sein für die Kinder, hier zu spielen und herumzutoben.»

«Das schon, aber meine afrikanischen Lilien sind ein bisschen empfindlich und der Rasen sowieso – man sieht jeden Abdruck – deshalb ist es mir fast lieber, wenn die Kinder drinnen spielen.»

Isa schaut sie etwas merkwürdig an. So ein Garten, und dann dürfen die Kinder nicht drin spielen, weil es dem Rasen schadet? Das scheint ihr doch etwas übertrieben.

«Aber im Sommer, da habt ihr bestimmt die ganze Nachbarschaft in eurem Pool, der ist ja fast so gross wie das Schulschwimmbecken in einer Primarschule.»

«Weisst du, die Nachbarn haben alle selber auch einen Pool.»

«Aber die Schulkameraden von Marc, die finden das doch bestimmt herrlich, wenn sie an heissen Sommertagen hierher kommen können zum Schwimmen?»

Nina mag Isa nicht auf die Nase binden, dass Marc nicht allzu viele Freunde hat und die paar wenigen, die er hat, nicht ganz Ninas Vorstellungen von einem angemessenen Umgang für ihren Sohn entsprechen.

«Lass uns doch hineingehen, ich zeige dir den Rest des Hauses», lenkt Nina ab.

Isa bewundert ausgiebig die grossen, lichtdurchfluteten Räume und die geschmackvolle Einrichtung. Wirklich angetan hat es ihr aber die Küche.

«Du solltest mal *meine* Küche sehen. Die ist höchstens halb so gross wie eines deiner Gästebadezimmer. Und ich bin schon dankbar, wenn das Wasser einigermassen fliessend aus dem Hahn kommt. Einen Herd habe ich zwar auch, aber von zwei Backöfen, Steamer, Mikrowelle, Warmhalteofen, Tellervorwärmer und eingebauter Friteuse kann ich nur träumen. Da verbringst du bestimmt die meiste Zeit des Tages in dieser wunderbaren Küche. Und du köchelst so leckere Sachen wie früher!»

Isa bringt mit dieser Bemerkung ihre Freundin kurz in Verlegenheit.

«Äh, nicht wirklich, also das heisst, manchmal natürlich schon, aber meistens kocht Frau Molinari, ich komme einfach nicht dazu.»

«Aber du hast doch früher so super gekocht, ich weiss noch gut, wie wir es genossen haben, wenn du uns mit einem ‹Menü surprise à la Nina› verwöhnt hast. Und was heisst, du kommst nicht dazu? Du putzt nicht, du arbeitest nicht im Garten, du kochst nicht. Was *machst* du überhaupt den ganzen Tag?»

Nina betrachtet nachdenklich die kleine Isa. Sie ist etwas kräftiger als früher, was sicher auf die Arbeit auf ihrer Farm zurückzuführen ist. Fett ist es jedenfalls nicht, das sie zugelegt hat, vielmehr wirkt sie muskulös und sportlich – und das, obwohl sie niemals ein Fitnesscenter von innen gesehen hat. Im Gesicht zeigen sich ein paar feine Fältchen, was bei der vielen Sonne und der Arbeit draussen nicht weiter erstaunlich ist. Trotzdem wirkt Isa immer noch so jung, lebhaft und fröhlich wie damals, als sie nächtelang über Männer und deren Macken diskutiert haben.

«Nein, nein, ich habe keine Stelle angenommen, aber es gibt halt immer allerhand zu tun, weisst du.»

«Ja sicher, ich kenn das schon. Aber so wie ich dich verstanden habe, hast du einiges an Unterstützung. Wer kümmert sich eigentlich um die Kinder?»

«Wir hatten bis vor kurzem immer ein Au-pair, aber jetzt ist das ganz meine Aufgabe.»

«Schön. Ich bin ja gespannt, wie die beiden aussehen, ich hab sie ja ewig nicht mehr gesehen. Wann kommen sie denn nach Hause?»

«Moment, ich frage schnell Frau Molinari, die weiss das.»

«Sag mal, hast du wirklich keine Ahnung, wann deine Kinder heimkommen? Bist du denn nicht da, wenn die Schule aus ist? Bei meinen gäbe das einen Riesenaufstand. Die wollen doch unbedingt erzählen, was sie erlebt haben, und manchmal muss ich ihnen auch bei den Hausaufgaben helfen.»

«Hausaufgaben haben sie glücklicherweise keine mehr, weil sie direkt nach der letzten Schulstunde in die Aufgabenhilfe gehen, wo sie unter professioneller Aufsicht alles erledigen. Und erzählen können sie doch auch abends beim Nachtessen, oder?»

Isa schaut sie an, zieht die Brauen hoch und seufzt: «Ach, Nina, darum geht es doch gar nicht. Ich frage mich nur, wie du deinen Tag verbringst. Du hast keinen Job, musst keinen Haushalt führen und kümmerst dich praktisch kaum um deine Kinder – um es mal ein bisschen brutal zu formulieren ...»

«Ja, aber ich muss doch auch Partys organisieren, bin manchmal Gastgeberin für Erics Kunden, wenn bei uns diniert wird, und nicht zuletzt muss ich auch was für mein Aussehen tun.»

«Jaja, Coiffure, Maniküre etc., aber auch das dauert keine zwölf Stunden am Tag», wirft Isa ein, die sich ihre Haare von Randolph schneiden lässt und schon froh ist, wenn sie abends nicht zu erschöpft ist, um sich die Hände einzucremen.

«Irgendwie gehen die Tage halt rum. Womit, das kann ich dir auch nicht genau sagen, aber mir ist nie langweilig», lügt sie dreist, denn das stimmt nun definitiv nicht, erst recht nicht, seit ihr Konto gesperrt ist. Mit dem Wegfall des Shoppens bleiben fast nur noch die Termine bei Lasalle und die Fahrdienste für die Kinder, die etwas Leben in Ninas Alltag bringen.

«Vielleicht manchmal ein bisschen, aber wer hat schon ein derart spannendes Leben, dass nicht ab und zu Langeweile aufkommt?»

«Na, ich zum Beispiel. Und du könntest es auch haben. Wo sind deine Träume geblieben? Du wolltest doch unbedingt mal ein kleines Hotel haben, irgendwo an herrlicher Lage, wo die Menschen hinkommen, um sich zu entspannen, und wo ihnen kulinarisch so richtig was geboten wird. Was ist aus all deinen Ideen und Träumen bloss geworden?»

Ja, was ist daraus geworden? Ich habe total vergessen, dass ich überhaupt jemals Träume hatte. Mit Isa habe ich damals jede Menge Pläne geschmiedet. Ein simples Bed &

Breakfast irgendwo in der Pampa? Ein Edelkasten an der Côte d'Azur? Oder ein kleines Berghotel, total abgelegen, irgendwo in den Alpen? Stundenlang konnten wir darüber diskutieren und uns die Details ausmalen ...

Wäre ich heute glücklicher, wenn ich diesen Traum – oder auch einen anderen – verwirklicht hätte? Hätte ich mein Ziel überhaupt erreicht? Anderseits: Was habe ich denn als Nina, Ehefrau des Eric, erreicht? Ich brauche nicht zu arbeiten, weder im Haus noch ausserhalb, ich habe zwei gesunde Kinder, aber ansonsten: **nichts.** Wenn ich mich ins frisch bezogene Bett fallen lasse, dann kann ich noch nicht mal behaupten, ich hätte die Bezüge selber gewaschen und übergezogen – geschweige denn etwas anderes. Das Einzige, was ich habe, ist allenfalls eine neue Frisur oder vielleicht ein kleines bisschen Muskelkater aus dem Fitnesscenter. Ich habe, abgesehen von den Kindern, kaum etwas, worauf ich stolz sein kann. Ich habe weder den Rasen gemäht noch drei Mahlzeiten gekocht noch den Kindern bei den Hausaufgaben geholfen noch irgendetwas Gemeinnütziges gemacht – geschweige denn, ich hätte mir meinen Unterhalt verdient, indem ich acht Stunden im Büro gesessen und Briefe getippt habe oder so ähnlich.

Isa, die hat ihre Farm und ihren Randolph, mit dem sie gemeinsame Sache macht. Aber was verbindet Eric und mich? Und vor allem: Was wäre ich ohne Eric? Was wird man über mich erzählen können, wenn ich mal ins Grab sinke? «Ihr Leben galt dem Shopping» vielleicht? Oder: «Sie hat in verdienstvoller Weise die Firma Blitz & Blank, die Globus Delicatessa und den Gärtnereibetrieb von Enzo Ennea unterstützt»?

7

«Sie zweifeln also daran, dass man Sie ohne Ihre teuren Kleider, den Schmuck etc. überhaupt wahrnimmt?»

«Ja.»

«Wie kommen Sie zu dieser Annahme?»

«Ich habs erlebt.»

«Erzählen Sie.»

Nina erzählt Lasalle die ganze Geschichte, die sie gestern
gleich nach dieser unangenehmen Begegnung in ihr Tagebuch geschrieben hat.

*Es ist einfach unglaublich – ich könnte toben vor Wut!
Heute Morgen habe ich verschlafen, und so hat es eine
ziemliche Hetzerei gegeben mit den Kindern. Jedenfalls
hatte ich keine Zeit, mich sorgfältig anzuziehen, zu kämmen und etwas Make-up aufzulegen. Da klingelts, und ich
gehe, noch mit der Cornflakes-Schachtel in der Hand, zur
Tür, um zu öffnen. Vor mir steht ein junger Mann mit
einem Aktenkoffer in der Hand, bringt kaum einen Gruss
über die Lippen und sagt, er hätte gerne mit der Haus-
herrin gesprochen. Ich dachte, der macht Witze, doch ehe
ich etwas sagen konnte, holte er zum nächsten Schlag aus:
«Gute Frau, Ihre Chefin erwartet meinen Besuch. Wenn
Sie mich bitte anmelden würden? Ich soll den neuen
Laptop der Tochter des Hauses ans Internet anschliessen.»
Mir fehlten die Worte, am liebsten hätte ich ihm die Tür
vor der Nase zugeschlagen. Meine Reaktion machte ihn
dann doch stutzig. Er dachte kurz nach und merkte offenbar, dass er ins Fettnäpfchen getreten war. Doch obwohl*

er sich sogleich entschuldigte, war das alles oberpeinlich,
und die Situation verfolgte mich noch Stunden später.

«So etwas ist mir noch nie passiert, also wirklich, sehe ich
denn ungeschminkt aus wie eine gewöhnliche Putzfrau
oder Haushälterin?»

«Wäre das so schlimm?»

«Was glauben Sie denn? Das wäre eine Katastrophe,
dafür habe ich doch nicht einen reichen Mann geheiratet.»

«Haben Sie Ihren Mann hauptsächlich wegen seines
Geldes geheiratet oder auch aus Liebe?»

«Aus Liebe natürlich.»

«Was wäre, wenn er nun plötzlich nicht mehr ganz so
vermögend wäre?»

Darauf weiss Nina keine Antwort.

«Das muss ich mir erst mal überlegen, darüber habe ich
noch gar nie nachgedacht.»

Auf dem Heimweg setzt sich Nina kurz in ein kleines Café,
um sich einen Cappuccino zu gönnen. Die Sitzung bei
Lasalle hat ihr ziemlich zugesetzt, und auch die Fragen und
Bemerkungen von Isa haben bei ihr so einiges ausgelöst:
Was würde sie tun, wenn ihre Familie das gleiche Schick-
sal treffen würde wie die Schneiders? Wenn sie wegziehen
und auf all die vielen Annehmlichkeiten, die reichen Leuten das Leben leichter machen, verzichten müssten? Einfach unvorstellbar – aber vielleicht gar nicht so abwegig?

Eric hat in letzter Zeit ein paar Mal diesbezügliche Bemerkungen gemacht, aber sie hat diese nicht richtig ernst
genommen. Vielmehr hat sie geglaubt, das sei seine Strate-
gie, damit sie für Laras Geburtstag oder ihre Privatschule

nicht allzu viel Geld ausgibt. Doch vielleicht steckt ja auch mehr dahinter? Sie liest zwar selten den Wirtschaftsteil der Zeitungen, aber dass die Lage nicht gerade rosig ist, hat auch sie mitbekommen. Natürlich geht sie grundsätzlich davon aus, dass es nur die anderen trifft, doch ein bisschen zweifelt sie schon daran, dass sie immer und jederzeit ungeschoren davonkommen wird.

In letzter Zeit lief einiges schief: Mit der Kreditkartensache hat es begonnen, dann folgte Laras Versagen an der Prüfung. Bald darauf hatte sie eine unangenehme Auseinandersetzung mit der Mutter eines Schulkameraden von Marc, die behauptete, ihr Sohn werde von Marc geschlagen. Völlig absurd, diese Unterstellung, aber sie musste sich trotzdem längere Zeit mit der Frau herumschlagen und anschliessend ihrem Sohn ins Gewissen reden. Dann fiel auch noch Frau Molinari aus, weil sie zur Beerdigung ihrer Mutter nach Italien fahren musste, und zu allem Überfluss hatte sie noch mit Eliza einen gehässigen Streit, weil doch diese steif und fest behauptete, Marsano hätte die schönsten Blumenarrangements von ganz Zürich. Und dann, sozusagen als Schlussbouquet, war da noch dieser Computermann, der glaubte, sie gehöre zum Personal.

Es würde sie gar nicht wundern, wenn bald die nächste Katastrophe eintreten würde. In letzter Zeit fühlte sie sich ohnehin ein bisschen seltsam, sie hinterfragte Dinge, die bisher selbstverständlich waren. Ihre übliche Souveränität und Selbstsicherheit gingen ihr manchmal plötzlich ab, und sie verzog sich dann am liebsten in ihr Büro, wo sie oft in alten Kochbüchern blätterte oder auch einfach im Internet surfte.

Zum Trübsalblasen hat Nina aber nicht allzu lange Zeit, denn Eric kündet zwei potenzielle Kunden mit ihren Ehefrauen zu einem gepflegten Abendessen an. Nina ist ganz froh um die Abwechslung. So eine Einladung ist mit viel Vorarbeit verbunden, was sie von ihren trüben Gedanken ablenken wird: Das Haus muss blitzblank geputzt und aufgeräumt sein, das Essen und der Wein von hervorragender Qualität, die Unterhaltung anregend und der Gesamteindruck seriös – das Abendessen mit zukünftigen Kunden ist in der Regel der letzte Schritt in einer ganzen Reihe von Aktivitäten, die dazu dienen, ein lukratives Mandat zur Vermögensverwaltung zu erhalten. Und es wäre nicht das erste Mal, dass gerade dieses Abendessen in relativ intimem Rahmen den entscheidenden Impuls geben würde. Nina weiss aus langjähriger Erfahrung, dass private Einladungen aller Art selten dem reinen Amüsement dienen, sondern einerseits, um Kontakte zu knüpfen, und anderseits, um Geschäfte abzuschliessen. Den Frauen bleibt die Aufgabe, für einen perfekten Ablauf zu sorgen und nebenbei auch noch gut auszusehen. In dieser Hinsicht sind die meisten, die sie kennt, richtige Profis. Jede ihrer Freundinnen hat ein extra Dossier mit Telefonnummern von Störköchen, Catering-Services, Partyzelt-Lieferanten, Getränkehändlern, Zigarrenanbietern, Event-Managern, Lichtshowkünstlern und dem, was es sonst noch alles so braucht für ein rauschendes Fest, ein gepflegtes Dinner oder einen ausgefallenen Brunch.

Während Nina in der Küche sitzt und langsam in ihrem Grüntee rührt – sie will unbedingt noch schnell ein, zwei Kilos abnehmen, weil ihr das kleine Schwarze von Donna

Karan ein bisschen gar satt sitzt –, erstellt sie schon mal eine Liste: Putzinstitut für die Fenster und Böden, das Übrige kann Frau Molinari übernehmen, falls sie rechtzeitig aus Italien zurück ist; Blumen für die Eingangshalle und das Esszimmer – vielleicht doch von Marsano?; Besprechung mit dem Gärtner wegen Einfahrt und Terrasse; Wein ist kein Problem, davon hat es jede Menge im Keller; Tischwäsche wird Frau Molinari kontrollieren und allenfalls nochmals bügeln. Und das Essen? Das wird der Störkoch, der kürzlich bei Kiki gekocht hat, übernehmen.

Beim Gedanken an seine Speisen läuft Nina das Wasser im Mund zusammen. Seine Küche ist eine ganz spezielle, kein Chichi, aber auch keine gewöhnliche Hausmannskost. Irgendwie hat er die Begabung, auch aus einem simplen Rüebli etwas Besonderes zu machen, und es würde sie durchaus mal reizen, hinter seine Kochgeheimnisse zu kommen.

Ich bin noch ganz aufgedreht. Das war ein richtig toller Abend, wie ich ihn schon ewig nicht mehr erlebt habe. Dabei hat er beinahe mit einer Katastrophe begonnen. Paul, der Störkoch, ist zwar pünktlich und mit sämtlichen nötigen Lebensmitteln und Utensilien eingetroffen, aber seine Assistentin hat sich auch nach über einer Stunde nicht blicken lassen. Schliesslich meldete sie sich per Handy: Sie habe eine Panne gehabt und ewig lange auf den TCS gewartet. Jetzt stecke sie irgendwo in einem Stau und werde frühestens in zwei Stunden eintreffen. So eine Scheisse, dachte ich und wollte schon meinen Ärger am Koch auslassen. Der aber blieb ganz cool, schaute mich eine Zeit lang schweigend an und sagte schliesslich: «Ja, dann werden wir zwei uns mal dahinter machen.» Ohne grosse Erklärungen und bevor mir überhaupt eine Entgegnung einfiel, band er mir eine seiner langen, weissen Schürzen um – und dabei kam ich in den Genuss, sein dezentes Rasierwasser zu riechen.

Das Meiste hatte er schon vorbereitet mitgebracht, aber trotzdem gab es noch jede Menge zu tun. Und ich muss zugeben: Ich habe noch nie mit einer solchen Begeisterung Zwiebeln geschält, Kräuter gehackt, Pilze geputzt oder Tomaten enthäutet. Fast habe ich es bereut, als dann alles bereitstand und ich mich umziehen gehen musste. Und als dann die Gäste kamen, wäre ich sehr viel lieber bei Paul in der Küche geblieben und hätte ihm zugesehen, wie er mit seinen herrlichen Händen die Amuse-bouches drapiert oder die Bordelaise-Sauce rührt. Was bei Tisch alles gesprochen wurde an diesem Abend, habe ich gar nicht wirklich mitbekommen, aber so wie Eric ausschaute, war der Abend wohl ein Erfolg. Nachdem die Gäste gegangen waren, ging ich nochmals in die Küche, um zu schauen, ob alles in Ordnung ist – Paul war natürlich schon weg, hatte aber alles tipptopp aufgeräumt.

Kaum eine Woche später ruft Paul an.

«Hallo Nina.»

Nina gerät ein bisschen in Aufregung, als sie die Stimme erkennt, und ist ganz froh, dass niemand sie beim Telefonieren beobachtet.

«Hallo Paul, wie geht es Ihnen?»

«Gut, aber noch besser ginge es mir, wenn ich Sie für das kommende Wochenende als meine Assistentin gewinnen könnte.»

Das ist dann doch ziemlich direkt. Dass Nina bei sich zu Hause einspringt, ist eine Sache. Dass sie aber bei anderen Leuten kocht, geht ihr etwas zu weit. Sie ist doch keine Hilfsköchin und hat es auch nicht nötig, selber Geld zu verdienen. Anderseits hat Pauls Anfrage auch etwas sehr Verlockendes: An der Seite eines attraktiven Mannes zu stehen und gemeinsam ein Festmenü zu kreieren, diese Vorstellung lässt ihr Herz höher schlagen.

«Na, was ist? Sie sind eine wunderbare Assistentin, und es hat Ihnen doch auch grossen Spass gemacht, wenn ich das richtig einschätze.»

Wäre Nina noch ein Teenager, sie würde erröten. Trotzdem: So schnell will sie nicht zusagen.

«Ich kann doch nicht plötzlich in der Küche stehen und für jemanden kochen, der womöglich auch noch zu unserem Bekanntenkreis gehört.»

«Keine Sorge, die Vorbereitungen laufen in meiner eigenen Küche – und ich verspreche Ihnen, die ist allerbestens bestückt. Niemand wird sie sehen, aber alle werden mit Begeisterung unsere Speisen vertilgen.»

Nina überlegt einen Augenblick. Was würde Eric dazu sagen? Der wäre bestimmt nicht begeistert vom Gedanken, dass sie in der Küche eines fremden Mannes Gemüse rüstet. Er fände die Idee völlig absurd und würde ihr raten, wenigstens einen angemessenen Job zu suchen, wenn sie denn schon unbedingt arbeiten und eigenes Geld verdienen will.

«Wie viel bezahlen Sie mir denn für meinen Einsatz?»

«Oh, entschuldigen Sie, das hätte ich beinahe vergessen. Sie erhalten selbstverständlich den gleichen Stundenansatz wie meine andere Assistentin.»

Paul nennt einen Betrag, und Nina rechnet blitzschnell aus, dass sie für dieses Geld ganze Lastwagen von Zwiebeln würfeln müsste, bis sie sich ein Handtäschchen von Gucci kaufen könnte. Aber das Geld kümmert sie momentan weniger, wie sie sich eingestehen muss. Was sie interessiert, das ist Paul, der Koch.

«Also gut, aber das bleibt unter uns, das braucht ja niemand sonst zu wissen.»

In der Nacht auf Samstag kann Nina kaum schlafen vor Aufregung. Das ist doch mal etwas anderes als Tee trinken im Golfclub oder beim Coiffeur sitzen und sich die Haare machen lassen. Wann hatte sie zum letzten Mal ein Date mit einem Mann, abgesehen vom Arzt, Psychiater, Coiffeur oder ihrem Ehemann? Das muss schon ewig lange her sein. Für den Samstagnachmittag hat sie sich zu Hause wohlweislich abgemeldet bzw. einen Termin bei der Kosmetikerin vorgeschützt. So weit ist also alles perfekt eingefädelt. Doch in dem Moment, da sie ihren grossen Wagen aus der Ausfahrt manövriert, kommt gerade Eliza angefahren. Nina tut, wie wenn sie sie nicht gesehen hätte, aber Eliza ist schon ausgestiegen und winkt ihr zu.

«Hallo, Nina, schon ewig nicht mehr gesehen. Wie geht es dir denn?»

Seit der Auseinandersetzung wegen Marsano sind sich die zwei tatsächlich aus dem Weg gegangen, und wie es aussieht, will Eliza die Sache jetzt erneut durchdiskutieren.

«Bestens, und dir?»

«Sehr gut, und es ist schön, dass ich dich treffe, denn ich wollte mit dir nochmals über unsere Diskussion von neulich sprechen.»

Na bitte, hat sie es beinahe geahnt.

«Das ist doch nicht nötig, vergessen wir die Sache einfach.»

«Nein, nein, ich war wohl etwas zu schroff, und das tut mir Leid.»

Nina blickt unauffällig auf die Uhr am Armaturenbrett. Wenn sie nicht bald losfährt, wird sie zu spät kommen – und obwohl sie wie die meisten Frauen hier fast schon grundsätzlich eine Viertelstunde später als vereinbart eintrifft («Man wartet nicht, man lässt warten»), ist ihr das jetzt unangenehm. Sie muss sich eingestehen, dass sie auf Paul einen guten Eindruck machen will.

«Weisst du, ich bin etwas in Eile, lass uns das doch ein anderes Mal besprechen. Tschüss.»

Eliza wirkt prompt ein bisschen beleidigt und winkt ihr nur kurz zu, aber das ist Nina jetzt egal. Hauptsache, sie kommt endlich weg von hier und in Pauls Küche. Das erweist sich allerdings als schwieriger, als sie gedacht hat. Seine Wohnung ist zwar nur ein paar Kilometer entfernt, liegt aber etwas versteckt in einem Quartier, das nebst ein paar grossen Mietblocks nur noch aus einigen kleineren Gewerbebetrieben besteht. Paul hat sich in einer ehemaligen Wäscherei eingemietet, wo zumindest die Wasser- und Stromanschlüsse für seine ‹Grossküche› schon vorhanden waren. Und dank einem Freund ist er relativ günstig zu einer ehemaligen Hotel-Küche gekommen, die er selbst demontiert und wieder eingebaut hat. Nina fühlt sich auf Anhieb wohl hier.

«Schön, dass du da bist.» Paul duzt sie ganz selbstverständlich, und Nina verbirgt ihre Nervosität, indem sie neugierig durch die Küche streift.

«Ich habe es doch versprochen, und es ist auch eine schöne Abwechslung, hinter dem Herd statt vor dem Buffet zu stehen.» Paul strahlt sie an, öffnet einen Schrank und gibt ihr eine frisch gestärkte, weisse Schürze.

«Also, dann wollen wir mal loslegen.»

Das Menü hat er auf eine grosse Schiefertafel an der Wand geschrieben, daneben sind die Arbeitsabläufe aufgelistet.

Nina begreift schnell, sie hat ja einige Übung im Kochen von aufwändigen Menüs – auch wenn das schon ein paar Jahre her ist. Aber sie ist innert kürzester Zeit wieder vollkommen in ihrem Element, und Seite an Seite machen sich Nina, die Goldküstenfrau, und Paul, der Störkoch, an die Arbeit.

Wer hätte das gedacht? Da stehe ich in Designer-Jeans, Schürze und Seidenbluse (und natürlich Spitzenunterwäsche, die konnte ich mir nicht verkneifen) in einer fremden Küche und rüste Gemüse, als hätte ich nie etwas anderes getan. Und ich tue es auch richtig gerne! Der Gemüseberg könnte von mir aus ständig wachsen, und am liebsten wäre es mir, wenn die Vorbereitungen kein Ende nehmen würden. Natürlich liegts nicht nur am Kochen, sondern zu einem grossen Teil auch am Koch. Paul hat eine Art, die mir die Knie weich werden lässt. Dabei sieht er ganz anders aus als die Männer, mit denen ich üblicherweise Umgang habe. Er ist zwar auch gross, aber ihn trifft man bestimmt nie auf dem Tennis- oder Golfplatz an. Er hat kräftige Arme, wunderschöne Hände, ein klitzekleines Bäuchlein, eine etwas wirre Frisur und ganz dunkelbraune Augen. Und er kann nicht nur kochen, sondern auch flirten. Das Schönste: Er gibt mir das Gefühl, etwas Besonderes zu sein, ohne dass ich mir deshalb eine halbe Bijouterie umhängen oder mich speziell aufmöbeln muss.

Als mir beim Arbeiten immer mal wieder die Haare ins Gesicht gefallen sind, hat er ganz einfach ein Haargummi herbeigezaubert und mir einen Pferdeschwanz gebunden. Dazu hat er kurz an meinem Nacken geschnuppert – da läuft es mir gleich nochmals heiss und kalt über den Rücken – und nebenbei bemerkt, dass er meinen Duft mag. Dabei habe ich mich nicht mal extra parfümiert, weil das doch beim Kochen stört. Jedenfalls war von da an die Stimmung total aufgeladen. Wir haben gearbeitet wie verrückt, aber gleichzeitig ist was in der Luft gelegen, wie ich es schon ewig nicht mehr gespürt habe. Schliesslich ist das Essen so weit vorbereitet gewesen, dass es für den Transport in die Chromstahlbehälter gefüllt und zu seinem Lieferwagen gebracht werden konnte. Eigentlich wollte ich mich dann verabschieden, aber da hat Paul eine Flasche Champagner aus dem Kühlschrank geholt und zwei Gläser gefüllt: «Auf die gute Zusammenarbeit», hat er gesagt und mir dabei tief in die Augen geschaut. Mir ist ganz anders geworden, und um nichts sagen zu müssen, habe ich schnell mein Glas ausgetrunken. Danach musste er gehen. Zum Abschied hat er mich umarmt und kurz auf den Mund geküsst – ich hab mich wie 15 gefühlt, ich gebe es zu.

8

Nina wacht auf, blinzelt ins Morgenlicht und braucht wie jedes Mal ein paar Sekunden, um sich zurechtzufinden. Das Licht fällt durch die blauen Jalousien und zeichnet ein Streifenmuster auf Pauls Haarschopf und seine nackte Schulter. Er liegt auf der Seite, die Hände unter die Wange gelegt, und schläft tief. Den Übergang zwischen Schlafen, Wachen und Träumen kostet sie voll aus. Dann aber kriecht sie unter Pauls Decke, wo zumindest seine untere Körperhälfte innert null Komma nix ausgesprochen munter ist. Für einige Zeit vergisst Nina, dass sie eine verheiratete Frau und Mutter zweier Kinder ist und die Familie im Glauben lässt, sie nehme an einem Entschlackungs-Wochenend-Kurs teil. Paul liebt ebenso gekonnt, wie er den Kochlöffel schwingt: Zuerst kommt das Mise en place, also das sorgfältige Vorbereiten, danach das Kombinieren der verschiedenen Komponenten, die richtige Würze dazu, was schliesslich nach perfektem Timing in einem (kulinarischen) Höhepunkt gipfelt. Für Nina jedenfalls sind die Stunden mit Paul eine richtige Schlemmerei und hinterlassen bei ihr ein sattes, zufriedenes Gefühl, das man ihr auch ansieht. Jetzt weiss sie, woher Kiki dieses Strahlen hat – das schafft kein Produkt aus der Kosmetikbranche.

Wenn ich gewusst hätte, wie gut mir ein anderer Mann tut, hätte ich mich bestimmt bereits früher umgeschaut. Paul ist einfach umwerfend, ein echter Charmebolzen, und was den Sex anbelangt, könnte sich Eric noch eine ziemlich dicke Scheibe von ihm abschneiden. Jedenfalls ist jede Num-

mer ein Volltreffer. Jaja, es liegt wohl auch daran, dass das Ganze heimlich geschieht, und es ist ja nichts Neues, dass eine andere Umgebung oder ein kurzes Schäferstündchen einfach mehr Pep hat als das öde Standard-Programm mit dem eigenen Ehemann. Natürlich habe ich manchmal auch ein schlechtes Gewissen Eric gegenüber, aber meistens gelingt es mir, das zu verdrängen, denn im Moment ist mir Paul bzw. Sex mit Paul einfach wichtiger. Aber auch wenn wir nicht gerade im Bett sind, verstehen wir uns gut – wir sind inzwischen ein richtiges Team und arbeiten Hand in Hand ohne viele Worte. Einzig bei den Diskussionen um Rezepte, da können wir beide uns richtig ereifern. Doch auch das macht in jedem Fall mehr Spass als ein langweiliger Small Talk mit Kiki oder Eliza darüber, ob John Frieda's Sheer Blonde-Shampoo auch blondierte Haare aufhellt oder nicht. Und wenn Paul und ich schnell genug vorangekommen sind mit den Vorbereitungen, verziehen wir uns ‹zum Dessert› noch kurz in sein Schlafzimmer, bevor er mit den Köstlichkeiten im Transporter zu irgendeinem Auftraggeber fährt.

Die Kocherei macht mir übrigens echt Spass, das beginnt schon beim Einkaufen auf dem Grossmarkt: all die Farben und Gerüche – herrlich! Und dann in der Küche das Auspacken der frischen Ware. Meistens legen wir erst mal alles auf den Chromstahltisch inmitten der Küche und überlegen uns, in welcher Reihenfolge wir die Sache angehen. Wenn das geklärt ist, geht es um die Details. Wir probieren beide gerne Neues aus und variieren deshalb die klassischen Rezepte. Manchmal braucht es nur ganz wenig, um einer Speise eine interessantere Note zu verleihen. Ein paar Tropfen Zitronenöl, eine Prise Kardamom – und schon schmeckt eine Sauce oder ein Gemüse ein bisschen anders. Paul erzählt mir natürlich auch, was die Kunden von unserem Essen halten – und die sind meistens begeistert. Vor kurzem haben wir für Claudia gekocht, die irgendwelche Leute zu Besuch hatte. («Wir pflegen eben internationale Kontakte», bindet sie allen bei jeder sich bietenden Gelegenheit auf die Nase – als ob das ein besonderes Verdienst wäre!) Jedenfalls hat sie mir am nächsten Tag den Koch und seine Künste in den höchsten Tönen gelobt – ha, wenn die wüsste!

Ninas Nebenjob fällt kaum jemandem auf. Die Kinder sind beschäftigt mit ihren Freunden und Hobbys, und wenn sie mal zu Hause sind, dann meistens in ihren Zimmern.

Eric kommt abends immer später nach Hause. Die Geschäfte gehen schlecht, sagt er, er müsse sehr viel arbeiten. Und bis er dann endlich eintrifft, ist Nina längst zurück, denn Paul fährt in der Regel spätestens um fünf, halb sechs zu seinen Auftraggebern. Dass Nina einen glücklichen, geradezu strahlenden Eindruck macht, fällt Eric kaum auf, er ist einfach froh, dass sie anscheinend zufrieden ist und ihn nicht ständig mit irgendwelchen Problemen behelligt. Tatsächlich hat sie auch seit einigen Wochen nicht mehr nach der Kreditkarte gefragt – offenbar ist Lasalle sein Honorar wert, stellt er mit Genugtuung fest.

Auch der Psychiater ist ganz zufrieden mit seiner Arbeit, denn Nina macht heute einen fröhlichen, wenn auch etwas aufgekratzten Eindruck auf ihn. Er weiss natürlich nicht, dass sie sich vor kaum einer halben Stunde von einem begnadeten Koch hat verwöhnen lassen. Und Nina ist keineswegs interessiert daran, ihm oder auch irgendjemand anderem davon zu erzählen. Nur Isa hat sie eines Abends die ganze Geschichte gemailt, worauf diese zurückschrieb: «Ganz Recht hast du, ich bin fast ein bisschen neidisch. Geniess es, aber richtig, das hast du dir nach den langen Jahren mit Eric echt verdient. Hier in meiner Umgebung fehlt leider das Flirt-Material, aber auch ich würde keine Sekunde zögern.»

Lasalle reisst sie aus ihren Träumereien.

«Wie fühlen Sie sich heute?»

«Mir geht es gut, danke für die Nachfrage. Ich fühle mich recht ausgeglichen, und auch das Einkaufen fehlt mir nicht mehr.»

«Das freut mich aber, dann haben Sie eine für Sie befriedigendere Beschäftigung gefunden?»

Die Wortwahl ist ein Volltreffer, und Nina kann sich kaum ein Kichern verkneifen.

«So ist es, ich habe meine alte Begeisterung fürs Kochen wieder entdeckt.»

«Das freut mich aber», wiederholt er sich, «das weiss bestimmt auch Ihre Familie zu schätzen.»

Nun muss sie vorsichtig sein, immerhin ist es möglich, dass der Doc ihre neu entdeckte Liebe zum Koch(topf) herumerzählt – Arztgeheimnis hin oder her. Und das wäre ganz schön peinlich.

«Ach, wissen Sie, meine Familie ist nicht sehr anspruchsvoll in dieser Beziehung, und so koche ich oft nur für mich etwas Spezielles, kaum der Rede wert.»

«Ja, wie auch immer, es freut mich jedenfalls zu hören, dass es Ihnen gut geht – das sieht man Ihnen auch an.»

Wen wunderts, denkt sich Nina, in den letzten paar Wochen habe ich besseren Sex gehabt als in den vergangenen zehn Jahren …

Was Nina nicht ahnt: Auch Eric verbringt all die vielen Stunden abends nicht nur im Büro. Während Nina und Paul Blätterteigschiffchen mit Avocadocreme füllen oder Lammracks mit Rosmarinnadeln spicken oder sonst einer kreativen Tätigkeit nachgehen, sitzt Eric mit seiner Praktikantin in einem der Pubs, in welchen man ab vier Uhr lauter Geschäftsmänner im Anzug mit hübschen, jungen Frauen antrifft, die sich in der Regel als ‹Assistentinnen› bezeichnen. Gemeint ist damit, dass sie in einem Vorzimmer sitzen, einen schicken Laptop vor sich, Kunden, Klienten oder Patienten empfangen, Kaffee kochen, das Telefon bedienen und möglicherweise auch noch die Aktenablage machen. Ihre wichtigste Aufgabe aber ist es, gut auszusehen und ihren Chef zum Apéro oder auch mal auf eine Geschäftsreise zu begleiten. Eine echte Konkurrenz zur Ehefrau sind sie selten, denn die meisten Männer wie Eric sind gar nicht interessiert daran, die ganze Familiengeschichte zu wiederholen. Kommt dazu, dass dies auch finanziell ein schlechtes Geschäft ist, denn die erste Frau wird alles tun, um ihren gewohnten Lebensstandard zu erhalten, und für die jüngere Frau darfs sogar noch ein wenig mehr sein. Mit anderen Worten: Für ein bisschen Sex müsste ‹mann› zwei komplette Familien unterhalten – und das ist es ihnen denn doch nicht wert.

Nina ist so beschäftigt mit ihrem Doppelleben, dass sie nur noch selten ihre Freundinnen trifft. Sie verbringt ihre Zeit

viel lieber mit Paul – sei es in der Küche oder anderswo –
als mit Eliza, Kiki oder Claudia. Aber ein gelegentliches
Zusammentreffen lässt sich natürlich nicht vermeiden.
Und um Eliza als ihre Nachbarin kommt sie schon gar
nicht herum. Es scheint ihr, als lauere diese in letzter Zeit
geradezu auf sie.

«Hallo, Nina, man sieht sich ja kaum mehr. Was machst
du denn die ganze Zeit?»

«Na ja, so dies und das, hab halt immer viel zu tun im
Haus und mit den Kindern.»

«Wem sagst du das, mir geht es auch nicht anders. Aber
du siehst so blühend aus, verrate mir doch, woran das
liegt.»

«Blühend? Also, ich sehe doch aus wie immer. Vielleicht
liegts an der Kosmetikerin, vielleicht an meiner Hautcre-
me oder woran auch immer. Und wie geht es dir?»

«Stress, dauernd Stress, sag ich dir. Die Ausbildung ist
zwar wahnsinnig spannend, aber auch sehr, sehr anspruchsvoll. Und der Kleine lässt mir halt oft keine Zeit zum Lernen. Und dann ist da noch der Haushalt. Das alles unter
einen Hut zu bringen, sag ich dir, ist eine echte Herausforderung.»

«Ist denn ein Ende abzusehen?» Nina kann gerade noch
rechtzeitig ihrem Ton eine etwas freundlichere Note ver-
passen.

«Theoretisch könnte ich mich auf den nächsten Frühling zur Prüfung anmelden, aber mit all dem, was ich um
die Ohren habe, schaffe ich das wohl kaum.»

«Hast du dir denn schon mal überlegt, ob du das wirklich beenden willst? Wie heisst noch mal der Abschluss,
auf den du hinarbeitest?»

«Das ist ein ‹Certificate in Business as Usual›, und wenn ich das in der Tasche habe, stehen mir jede Menge Möglichkeiten offen.»

«Welche denn?»

Eliza sucht ganz offensichtlich nach einer Antwort, und Nina hat einmal mehr den Verdacht, dass es diese Ausbildung gar nicht gibt und sie für Eliza nur ein Vorwand ist, um anzugeben.

«Weisst du, es gibt da ganz verschiedene Optionen, es kommt halt drauf an, worauf ich mich später spezialisieren möchte.»

«Und, weisst du das schon? Dann kannst du ja gleich nach der Abschlussprüfung einsteigen.»

«Nein, nein, wo denkst du hin, da brauche ich erst mal eine Pause, um mich ein bisschen zu erholen, ich bin ja völlig ausgebrannt.»

«Aber du wirst doch nicht die vielen Jahre in diesen Abschluss investiert haben, um dann das Zertifikat einzurahmen, aufzuhängen und zu vergessen?»

«Ach, weisst du, so lange hätte es gar nicht gedauert, aber als praktisch allein erziehende Mutter ist es kaum möglich, dem anspruchsvollen Lehrstoff gerecht zu werden. Ach, ich wünschte, ich hätte auch mal wieder Zeit, zur Kosmetikerin zu gehen, aber ich komme einfach nicht dazu.»

Nina kann Elizas Gejammer plötzlich nicht mehr ertragen, und in ungewohnt scharfem Ton sagt sie: «Eliza, ich weiss wirklich nicht, was du zu klagen hast. Dein Kind ist in der Tagesschule, den Haushalt macht Frau Perez, um deinen Mann brauchst du dich auch nicht gross zu kümmern, denn der ist ja selten zu Hause, da kannst du dich doch bestimmt für ein Stündchen frei machen, um zur Kosmetikerin zu gehen?»

Jetzt wird auch Eliza etwas lauter.

«Du hast ja keine Ahnung, was alles an mir hängen bleibt. Wer beauftragt denn den Gärtner? Wer bestellt den Pool-Service für die Reinigung? Wer sorgt dafür, dass der Weinhändler unseren Weinkeller aufstockt? Das bin doch immer ich. Und schliesslich bin ich in der Weiterbildung und muss ständig büffeln. Du weisst doch gar nicht, wie anspruchsvoll das ist. Und überhaupt: Weshalb bist du plötzlich so grantig?»

Ein bisschen peinlich ist Nina ihr Ausbruch schon, und sie ist auch überrascht über sich selber, aber anderseits ist es so befreiend, mit Eliza endlich Klartext zu reden.

«Ich muss dir einfach mal sagen, dass mir dein ständiges Gejammer auf den Wecker geht. Seien wir doch ehrlich: Wir alle, Kiki, Claudia, Katja, du und ich, wir müssen weder unser eigenes Geld verdienen noch uns gross um Haushalt und Kinder kümmern. Wir delegieren Arbeiten weiter, und unsere einzige Aufgabe besteht darin, die Aufträge zu vergeben und allenfalls zu kontrollieren. Du bestellst den Gärtner? Was kostet dich das? Einen Telefonanruf? Und wie viel Zeit würdest du brauchen, wenn du den Garten selber in Ordnung halten müsstest? Dasselbe gilt für die Poolreinigung oder die Weinvorräte. Hast du jemals selber eine Kiste Wein angeschleppt? Den Pool geschrubbt? Eben.»

Nina unterbricht sich kurz, um Atem zu holen, und fährt dann fort: «Wir sind total privilegiert, das ist dir doch klar? Stell dir mal das Leben von ‹deiner› Frau Perez vor: Sie steht frühmorgens auf, macht für ihre Familie Frühstück, räumt auf, rennt auf den Zug, um hier auch deinen Frühstückstisch abzuräumen. Dann hält sie den ganzen Tag über euer Haus in Schuss, putzt, bügelt und macht was weiss ich sonst noch alles, muss die Wutausbrüche deines Luca-Schätzchens ertragen und kocht dann auch noch vor für das Abendessen, weil du selbst dafür angeblich keine Zeit oder Lust hast. Und dann rennt sie wieder los, um auch noch für die eigene Familie Abendessen zu kochen, die Wäsche zu machen, den Boden aufzunehmen und herumzutelefonieren, um ein gutes Wort für ihren Sohn einzulegen, der keine Lehrstelle bekommt.»

Eliza hat sich inzwischen wieder gefasst und giftet zurück: «Ich weiss gar nicht, was du dich so ereiferst. Bei deiner Frau Molinari ist es doch wohl auch nicht anders, oder?»

«Da hast du allerdings Recht, und mir ist es wirklich peinlich, dass ich so viele Jahre keinen Gedanken daran verschwendet habe, wie wohl ihr Leben aussieht und was sie möglicherweise über Leute wie dich und mich denkt. Heute aber ist mir wenigstens bewusst, wie viel sie für uns tut, und ich weiss es zu schätzen, dass sie unseren Dreck wegputzt.»

«Aber sie wird ja schliesslich dafür bezahlt!»

«Ja, sie verdient sich so ihren Lebensunterhalt oder auch den für die ganze Familie oder die Familie ihres Bruders in Spanien, Italien oder wo auch immer. Und während sie schuftet, geben wir in ein, zwei Stunden so viel aus, wie sie im ganzen Monat bekommt. Total gerecht, oder?»

«Weisst du was, geh doch zu den Sozis, wenn dir so viel daran liegt.»

Sichtlich beleidigt stöckelt Eliza in ihrem wie üblich sehr knapp sitzenden Kostüm zurück in ihr Haus. Einmal mehr denkt Nina, dass sie sich ein wenig vorteilhafter anziehen könnte, und muss kichern, als ihr Isas Bemerkung dazu einfällt: «Ich glaube, die muss in diesen Klamotten geboren sein. Ich kann mir nicht vorstellen, wie man da nachträglich noch reinkommt.»

Ein bisschen unangenehm ist es Nina schon, dass sie Eliza so angegriffen hat, und sie fragt sich, weshalb sie überhaupt Interesse für das Leben der Hausangestellten ihrer Nachbarin hat. In den letzten paar Wochen ist es nicht das erste Mal, dass ihr etwas aufstösst, das sie bis anhin als ganz selbstverständlich hingenommen hat.

Da war zum Beispiel diese Gartenparty bei den Vontobels: Es gab ein fantastisches Buffet mit allem Drum und Dran, und als es nach dem Eindunkeln kühler wurde, wurden den Frauen Pashmina-Schals auf Silbertabletts gereicht. Am späteren Abend traf sie auf Claudia, die gerade den jungen Mann vom Catering-Service dazu aufforderte, ihr eine Ananas aufzuschneiden, und zwar in herzförmige Stücke. Kaum war dieser damit fertig, nahm sich Claudia ein einziges Stückchen und verliess das Buffet. Offenbar hatte sie keine Lust mehr auf Ananas. Der junge Mann gab sich Mühe, sich seine Wut über diese Arroganz nicht anmerken zu lassen, und machte sich weiter am Buffet zu schaffen. Diese kleine Szene hat Nina ziemlich beschäftigt, und so hat sie noch in der gleichen Nacht ihren Ärger in den Laptop gehämmert.

Wie kommt die dumme Kuh dazu, diesen jungen Mann so saublöd hinzustellen? Erst diese dämlichen Ananasherzchen bestellen und sie dann einfach stehen lassen. Eine Frechheit ist das, und das alles nur, um zu zeigen: Ich sage

dir, was du zu tun hast, und du musst dich danach richten. Dabei ist sie nur ein Gast, sie bezahlt ihn ja nicht mal.
Überhaupt könnte sie sich gar keinen Catering-Service leisten, weil sie ja selber kein Geld hat und ihr blöder Laden
überhaupt nicht läuft. Ich kann mich jedenfalls nicht erinnern, dass ich jemals jemanden da drin gesehen habe. Und
wenn tatsächlich jemand was kaufen will, ist das Geschäft
bestimmt geschlossen, weil sie wieder an einer Möbelmesse
ist oder ihr Outfit von ‹elegante Dame› auf ‹Edelpunk›
umstylt.

Da machen sie ein wunderbares Buffet mit aufwändigen und köstlichen Leckereien, und die dummen Weiber,
die selber kaum eine Pizza aufwärmen können, wissen das
nicht mal wirklich zu schätzen. Das war wohl das erste
Mal, dass es mir richtig peinlich war, zu diesem ganzen
eingebildeten Kuchen zu gehören.

Seit Nina Paul kennt, sieht sie manche Dinge aus einer
anderen Perspektive und erfährt ausserdem einiges Über-
raschendes über das Leben an der Goldküste der weniger
Privilegierten.

«Vor vier Wochen habe ich die zweite Mahnung geschickt, und die Freys haben die Rechnung für ihr Oster-
dinner noch immer nicht bezahlt, und das ist doch jetzt
schon über zwei Monate her», hat sich Paul vor einiger
Zeit geärgert.

«Vielleicht ist die Rechnung einfach untergegangen,
kann doch passieren.»

«Dreimal die gleiche Rechnung? Das glaubst du doch
wohl selber nicht. Nein, nein, entweder sind sie pleite, oder
aber sie halten es nicht für nötig, endlich zu bezahlen.»

«Pleite sind die ganz sicher nicht, denen gehört doch das halbe Dorf.»

«Tatsächlich? Wusste ich gar nicht.»

«Aber sicher. Deshalb ist auch nichts passiert, als der sechzehnjährige Sohn mit dem Auto seiner Mutter eines Nachts ein paar Gartenzäune und den Dorfbrunnen niedergemäht hat. Der Frey hat den Schaden bezahlt, eine Spende für den Fasnachtsverein gemacht, und niemand hat mehr darüber geredet.»

«Das wundert mich eigentlich überhaupt nicht. Stell dir vor, es wäre der Sohn des Pöstlers gewesen – der wäre bestimmt nicht so einfach davongekommen.»

«Da hast du leider Recht. Aber wie willst du jetzt zu deinem Geld kommen?»

«Ich werde halt einfach abwarten müssen. Zum Glück läuft ja das Geschäft gut, aber es macht mich trotzdem wütend. Erst kann es nicht teuer genug sein, und dann sind sie nicht bereit, dafür zu zahlen. Haben die überhaupt eine Vorstellung davon, was das für ganz normal arbeitende Leute bedeuten kann?»

Tatsächlich hat sich auch Nina bis zu diesem Tag kaum überlegt, wie es ist, wenn man jeden Franken zweimal umdrehen muss. Seit sie ihre Kreditkarten nicht mehr hat, und das ist jetzt auch bald schon drei Monate her, kann sie das Geld zwar auch nicht mehr mit vollen Händen ausgeben, aber sie braucht sich um ihren Unterhalt nicht zu sorgen – und das, ohne dass sie einer regelmässigen Arbeit nachgeht. Das ist zwar hier so üblich, aber für andere Frauen bestimmt keine Selbstverständlichkeit. Frau Molinari beispielsweise wird zwar für eine Hausangestellte recht grosszügig bezahlt, aber reicht das auch für mehr als die

Miete, das Essen und die Krankenkasse? Mehr Geld kann Nina ihr allerdings ohne Rücksprache mit Eric nicht geben, dafür schickt sie sie seit einiger Zeit immer eine Stunde früher nach Hause. Damit beruhigt sie nicht nur ihr soziales Gewissen, sondern sie hat auch die Küche für sich ganz alleine, um neue Rezepte auszuprobieren. Nina hat nämlich eine Idee.

9

«Was machst du denn da?»

Erschrocken hebt Nina den Kopf und sieht Lara in der Küchentür stehen.

«Wo kommst du so früh schon her?»

Seit Lara eine Privatschule in der Stadt besucht, ist mit ihr kaum je vor fünf, halb sechs Uhr zu rechnen. Und jetzt ist es erst vier Uhr. Frau Molinari ist soeben gegangen.

«Der Nachmittagsunterricht ist heute bereits früher fertig gewesen wegen dem Notenkonvent. Hast du eigentlich den Brief der Schulleitung nicht gelesen?»

Nina kann sich nicht erinnern, was auch kein Wunder ist, denn in den letzten Wochen hat sie sehr viel Anregenderes im Kopf als irgendwelche langweilige Schreiben der Schulleitung.

«Kann sein, hab ich wohl vergessen.»

«Ja, aber was machst du da? Ist Frau Molinari krank?»

«Nein, weshalb sollte sie krank sein?»

«Weil du hier in der Küche stehst und kochst, und das habe ich bisher noch nicht sehr oft erlebt.»

«Nun wird mal nicht schnippisch, ich kann durchaus kochen, auch wenn ich es nicht allzu häufig tue.»

«So gut wie das riecht, glaube ich dir das sogar, was gibt es Feines?»

«Ich probiere nur etwas aus, für das Abendessen hat bereits Frau Molinari eine Kleinigkeit vorbereitet.»

«Wozu probierst du es denn dann überhaupt aus?»

Teenager können mit ihrer Fragerei manchmal genauso hartnäckig sein wie Dreijährige.

«Ich hatte einfach Lust dazu, mal wieder in meinen Kochbüchern zu stöbern und etwas zu kochen. Ich werde es einfrieren. Dann brauchen wir nicht zu kochen, wenn Frau Molinari ihre Ferien nimmt.»

Für Lara ist das offensichtlich Erklärung genug, und Nina ist froh, dass diese ohne weitere Fragen die Küche verlässt. Damit sie ihren Plan realisieren kann, ist es wichtig, ab und zu auch in der eigenen Küche arbeiten zu können, ohne dass sich die ganze Familie wundert. Sie hat nämlich beschlossen, sich selbständig zu machen und ihre Kochkünste zusammen mit dem, was sie bei Paul gelernt hat, auf eigene Rechnung zu verkaufen. Mit Paul hat sie bereits darüber gesprochen – eigentlich ist es sogar seine Idee gewesen.

«Ich finde, wir sind ein gutes Team – in jeder Hinsicht –, aber auf die Dauer geht es so nicht weiter», hat er nach ihrem letzten gemeinsamen Auftrag gesagt.

Nina ist ein wenig erschrocken, obwohl sie ganz im Innern gewusst hat, dass das irgendwann kommen musste. Paul ist ein attraktiver Mann, und das merken auch andere Frauen. Dazu ist er unverheiratet, warum sollte er sich nicht gelegentlich nach etwas anderem umsehen? Und nach der ersten Verliebtheit hat sie ihn einfach als Freund, Arbeitskollegen und gelegentlichen Liebhaber geschätzt – von Liebe war nie die Rede.

«Du hast also eine andere Frau kennen gelernt?»

Paul hat sie verständnislos angeschaut und dann laut losgelacht.

«Aber, Nina, mein Schatz, du bist doch die Beste, nein, es geht um was anderes. Ich denke daran, für ein halbes Jahr von hier wegzugehen, etwas anderes zu sehen, neue

Eindrücke zu gewinnen, andere Küchen kennen zu lernen – du weisst schon.»

Nina hat ein paar Augenblicke gebraucht, um diese Neuigkeit zu verdauen.

«Ich verstehe dich schon. Zwar tut es mir Leid, wenn du weggehst – nicht nur wegen dem gemeinsamen Kochen –, aber ich beneide dich auch ein wenig. Und du wirst mir sehr fehlen, ebenso wie unsere Arbeit.»

«Du mir auch, Nina, aber das Kochen musst du doch deswegen nicht aufgeben.»

«Was meinst du damit?»

«Ich überlasse dir, bis ich zurückkomme, meine Küche, natürlich zu einem fairen Preis, und du machst das Catering auf eigene Rechnung.»

«Wie stellst du dir das vor? Ich kann doch nicht in der Küchenschürze bei den Geschäftsfreunden meines Mannes oder, noch schlimmer, bei meinen Freundinnen aufkreuzen?»

«Das ist auch gar nicht nötig. Du machst die Vorbereitungen, den Rest überlässt du jemand anderem. Keiner sieht dich, keiner weiss, wer die wunderbaren Thunfischmousse-Blinis oder die herrliche Krustentier-Bisque gemacht hat.»

Dann hat Paul Nina ganz fest in die Arme genommen, sie geküsst und sie dann in sein kleines, unordentliches Schlafzimmer gezogen.

Da hat er mir einen ziemlichen Floh ins Ohr gesetzt, der gute Paul. Ich, mit einem eigenen Geschäft? Werde ich es schaffen? Ich hab ja noch nie was Eigenes auf die Beine gestellt – mal abgesehen von den beiden Kindern – und jetzt gross ins Business einsteigen? Und was ist, wenn alles in die Hose geht? Und woher soll ich die Mitarbeiter herzaubern – und auch noch bezahlen? Und wie organisiere ich das mit meiner Familie? Ich kann ja nicht gut hingehen und sagen: «Eric, habe ich dir eigentlich schon von meiner Affäre mit Paul erzählt? Und dass ich ihm seit rund zwei Monaten beim Kochen helfe? Nicht? Dann weisst du sicher auch nicht, dass ich jetzt seinen Laden auf meine eigene Rechnung übernehmen werde.»

Nein, so geht das nicht, ich werde, wenn überhaupt, weiterhin inkognito arbeiten – das lässt sich schon einfädeln, wenn ich ein, zwei gute Assistenten finde. Wem fällt es denn schon auf, ob ich den Nachmittag zu Hause, auf dem Tennisplatz, beim Coiffeur oder in Pauls Küche verbringe? Ist ja eigentlich auch ein bisschen traurig: Da hat man eine Familie, aber keinen interessiert es wirklich, wie man seine Tage verbringt. «Hattest du einen schönen Tag?» ist zwar bereits Standard, aber hört denn jemand zu, wenn ich was erzähle? Kaum. Und zugegeben: Ich habe bis vor kurzem auch nicht wirklich etwas zu erzählen gehabt. Wen interessiert es denn, ob meine Coiffeuse Probleme hat mit ihrem Vermieter? Oder ob Eliza sich nun entschieden hat, einen Yoga-Kurs zur Stressbewältigung zu belegen? Oder welches Handicap Kikis neuer Golflehrer hat? Eben – niemanden.

Aber jetzt nehme ich es selber in die Hand. Ist schliesslich mein Leben, weshalb soll ich es damit vertrödeln, das dekorative Element in Erics Leben zu sein? Und selbst wenn das in Arbeit ausartet – ich glaube, ich pack es an.

Paul wird mir ganz bestimmt fehlen – als Freund und natürlich als Mann. Aber dafür fängt auch für mich etwas

*Neues an, und Ablenkung habe ich dann wohl genug. Jetzt
gibt es so viel zu tun: Ich muss Geld auftreiben; jemanden
finden, der sozusagen an der Front steht; eine neue E-Mail-
Adresse zulegen und und und. Trotzdem fühle ich mich so
gut wie noch selten: Endlich habe ich etwas zu tun, etwas
Eigenes, etwas für mich. Und darauf freue ich mich total.*

«Sie haben also beschlossen, mehr aus Ihrem Leben zu
machen.» Lasalle nickt mit dem kahlen Kopf, dass die Lichter darauf tanzen.

«Ja. Einfach herumzusitzen und Geld auszugeben, das
kann es ja nicht sein. Ich will eine sinnvolle Beschäftigung,
die mich ausfüllt.»

«Das ist schön, dass Ihnen das ein Bedürfnis ist. Haben
Sie sich denn etwas Bestimmtes vorgestellt?»

«So richtig konkret kann ich Ihnen noch nichts sagen,
aber ein paar Ideen gehen mir schon durch den Kopf.»

«Vielleicht mögen Sie mir in einer Woche mehr darüber
erzählen?»

Mist. Nina hat gehofft, damit sei nun die Therapie beendet. Sie braucht nämlich dringend ihre Kreditkarte, um mit
ihrem Geschäft starten zu können. Ein, zwei Assistenten,
Nahrungsmittel, Visitenkarten, Handys, eine eigene Homepage, ein paar Inserate – das läppert sich schon zusammen. Sie will jedoch keinesfalls den Anschein erwecken,
dass sie ganz dringend Geld braucht. Also wird sie andere Geldquellen finden müssen.

Wie kommt man als Ehefrau eines wohlhabenden Ver-
mögensverwalters zu einem Geschäftskredit? Indem man
zur Bank geht und einen Businessplan vorlegt. Aber Nina
hat keine Ahnung, wie man so etwas macht, und es ist ih-

auch zu aufwändig. Ausserdem soll vorläufig niemand davon erfahren und sie wenn möglich an ihrem Vorhaben hindern. Ihre Freundinnen kommen als Geldgeberinnen ebenfalls nicht in Frage – wobei sie sich manchmal sowieso die Frage stellt, ob das denn wirklich noch ihre Freundinnen sind.

Nachdenklich wandelt Nina durch das Haus, betrachtet die vielen teuren Einrichtungsgegenstände und hat schliesslich die zündende Idee: ihre Garderobe. Da hängen Dutzende von Designer-Stücken, die sie kaum mehr getragen hat. Und wenn sie ganz ehrlich ist: In die sie heute nicht mal mehr mit eingezogenem Bauch passt. In den vergangenen Wochen hat sich ihre sportliche Betätigung auf Sex mit Paul beschränkt. Und das Ausprobieren von neuen Rezepten ist auch nicht spurlos an ihren Hüften vorbeigegangen. Aber erstaunlicherweise ist ihr das jetzt so ziemlich egal. Nein, mehr noch: Sie findet sich attraktiv wie noch selten. Sie fühlt sich weiblich, sexy und schön – und das wohl zum allerersten Mal in ihrem Leben. Soll sie das aufgeben, nur um sich wieder in Grösse 36 zwängen zu können? Nein, sicher nicht. Also weg mit den Klamotten!

Die hat nicht schlecht gestaunt, die Frau im Designer-Secondhandshop, als ich sackweise Ware in ihren Laden geschleppt habe. Da bin ich ausnahmsweise ganz froh gewesen, dass ich diese riesige Karre habe. Schwarz natürlich, was anderes kommt ja nicht in Frage, selbstverständlich mit 4x4-Getriebe, weil wir Goldküsten-Frauen ja ständig in Bachbetten und auf Feldwegen fahren ... Und im Globus-Parkhaus bringt man das Teil kaum mehr aus der Lücke, weil es einfach überdimensioniert ist. Sobald mein Laden läuft, werde ich mir einen praktischen Kombi in einer fröhlichen Farbe kaufen, das ist sicher. Und es ist mir total egal, wenn ich die allerhöchste Autonummer bekomme, die sie im Strassenverkehrsamt haben. Ist doch auch so eine Sache, das mit den tiefen Nummern – als ob man bereits im Jahr 1291 Auto gefahren wäre. Dabei weiss doch inzwischen jeder, dass man die tiefen Nummern bei der Versicherung bekommt, sobald man dort zwei, drei Wagen teuer versichert. Oder man schickt einen Strohmann an die Versteigerung, wo sich die Strassenverkehrsämtler schief lachen über die Typen, die vierstellige Summen für vierstellige Nummern hinblättern.

Die Frau im Laden hat sich ein bisschen gewundert, aber gefragt hat sie nichts. In solchen Läden ist es auch nicht angebracht zu fragen, weshalb jemand ein praktisch neues Chanel-Teil verhökern will oder die Prada-Schuhe, denen man ansieht, dass sie allenfalls einmal getragen wurden. Jedenfalls war sie so scharf auf das ganze Zeug, dass sie mir einen ganz flotten Betrag als Vorschuss gegeben hat. Den Rest bekomme ich, wenn alles verkauft ist – natürlich abzüglich ihrer Provision, die mit 50 Prozent ja auch noch ganz happig ist. Jedenfalls habe ich jetzt Geld genug, um mir meinen eigenen Laden aufzubauen. *freu* (Das habe ich Lara abgeguckt.)

Eigentlich würde ich gerne meine Freude mit jemandem teilen, aber im Moment ist halt niemand da, der sich dafür eignen würde. Isa ist die Einzige, der ich meine Pläne gemailt habe. Und sie hat mich sofort voll und ganz unterstützt: «Ich bin ja so stolz auf dich. Ein **richtiges** Geschäft! Endlich tust du mal was Gescheites – und ziehst den reichen Tussen und ihren Rolex-behängten Mackern das

Geld aus der Tasche», hat sie geschrieben, und einmal mehr habe ich es bedauert, dass sie so weit weg lebt. Aber jetzt pack ich die Sache eben alleine an – das wird schon klappen.

Nina verbringt viel Zeit in ihrem Büro, rechnet und entwirft, überlegt und telefoniert. Sie will gleich nach den Sommerferien loslegen, wenn die grossen Sommerpartys vorbei sind und die gepflegten ‹kleinen› Dinners und Apéros angesagt sind. Bis das Weihnachtsgeschäft beginnt, möchte sie unbedingt einen Namen haben. Natürlich nicht ihren eigenen, vielmehr arbeitet sie inkognito, möglichst alles per E-Mail, und für die ‹Hausbesuche› sucht sie sich jetzt noch ein kleines, verschwiegenes Team.

Schwein muss man haben. Da habe ich mir doch schon krampfhaft überlegt, wie ich zu ein, zwei guten Leuten komme, da erzählt mir Frau Molinari von ihrer Nichte, die gerade die Lehre im Service fertig hat und keinen Job findet. Und – sie ist liiert mit einem Koch, der schon bei verschiedenen Spitzenköchen gearbeitet hat, jetzt aber eine neue Herausforderung sucht. Weil ich auf Frau Molinaris Verschwiegenheit 100-prozentig zählen kann, liess ich mir gleich die Telefonnummer geben, und nach einem Treffen war die Sache geritzt. Luciana ist nicht nur hübsch, sie hat auch ziemlich einen drauf. Und ihr Freund Jan scheint mir ein recht innovativer Bursche zu sein. Das Probemenü, das er für uns drei gekocht hat, war jedenfalls ausgezeichnet. Seine Saibling-Terrine werden wir sofort in unser Angebot aufnehmen. So was von cremig-zart habe ich noch selten gegessen. Jedenfalls werden die beiden in Zukunft zusammen unsere Kunden beliefern, die Speisen fertig stellen und auf Wunsch auch servieren.

Demnächst beginnen die Sommerferien. Nina wird einen Teil davon mit den Kindern in ihrem Palazzo über dem Lago Maggiore verbringen, weil Eric angeblich keine Zeit hat für eine Reise an einen fernen Strand. In der letzten Ferienwoche fliegt Lara dann mit einer Freundin und deren Eltern nach Spanien, und Marc nimmt an einem Sport-Camp teil. Nina kann also die Zeit nutzen, um möglichst viele Vorbereitungen für ihr Geschäft zu treffen.

10

Das hat Nina gerade noch gefehlt: Da steht sie mit ihren zwei Kindern vor dem voll gepackten Range Rover auf dem Autobahnrastplatz irgendwo zwischen Zürich und dem Gotthard und kann die Wagentür nicht mehr öffnen! Einmal mehr regt sie sich über das allzu raffinierte Sicherheitssystem ihres Autos auf. Ständig pfeift, hupt oder blinkt etwas, die Alarmanlage schrillt plötzlich los – und jetzt das: Beim Händewaschen auf der Toilette des Autobahnrestaurants ist ihr der Schlüsselbund vom Beckenrand unter den Wasserstrahl gerutscht. Das ist an sich nicht weiter schlimm, bloss funktioniert die Elektronik für das Türschloss in nassem Zustand nicht, und die Tür lässt sich von aussen nicht mehr öffnen.

Der 40. Geburtstag von Christian, Claudias Ehemann, sollte etwas ganz Besonderes sein. Christian ist Zwilling, und sein Geburtstag fällt fast auf den Sommerbeginn. Eine gute Gelegenheit für Claudia, ihr Können als Innenarchitektin (so nennt sie sich, obwohl sie Architektur nur aus den Lifestyle-Magazinen kennt) zu beweisen. In Zusammenarbeit mit professionellen Party-Organisatoren und einem Gartengestalterteam verwandelte sie ihren mitteleuropäischen Garten in ein kleines tropisches Paradies. Im Garten standen zwei riesige weisse Zelte – in der Schweiz weiss man ja nie –, die aber wegen des schönen Wetters auf allen Seiten geöffnet waren. Unter den Zeltdächern liess Claudia alle Tische ganz weiss decken, überall standen üppiger exotischer Blumenschmuck und Palmen und über den Tischen

hingen riesige goldene Kronleuchter. Das Buffet war mnd-
destens 30 Meter lang, und alle zwei Meter stand ein weiss
gekleideter Kellner dahinter, der einem von den herrlichen
Speisen auf den Teller lud. Während und nach dem Essen
gab es allerhand Attraktionen wie Bauchtänzerinnen oder
Verwandlungskünstler etc. Um Mitternacht schliesslich
wurde ein Feuerwerk gezündet, und danach verzog sich
der harte Kern, also Erics Herrenabendfreunde, in die extra
aufgebaute Bar am Pool, wo sie sich von den spärlich beklei-
deten Barmaids einen Drink nach dem anderen mixen lies-
sen. Die Getränke trugen so originelle Namen wie ‹Orgas-
mus› oder ‹Seitensprung›, und die Männer liessen nicht
locker, bis sie sich durch das ganze Angebot mindestens
einmal durchgetrunken hatten. Irgendwann beschlossen
sie, sich etwas abzukühlen, und sprangen in voller Schale
in den Pool. Claudia, die Gastgeberin, hatte nun die benei-
denswerte Aufgabe, ihnen nicht nur aus dem Wasser zu
helfen – einige waren so sturzbetrunken, dass sie sonst
womöglich abgesoffen wären –, sondern sie auch noch mit
trockenen Kleidern auszurüsten. Als ich Eric dann endlich
davon überzeugen konnte, dass es an der Zeit wäre heim-
zugehen, stellte sich heraus, dass sich die Tür von meinem
Range Rover nicht mehr öffnen liess. Eric, der Depp, ist
mitsamt meinem Schlüssel – er trägt an solchen Festen
immer meinen Schlüssel, weil der nicht in meine Abend-
tasche passt – ins Wasser gesprungen und hat damit die
Elektronik des Schlüssels ruiniert. Ich wurde ziemlich
sauer, denn langsam war ich müde und wollte nach Hause.
Schliesslich mussten wir ein Taxi rufen und das Auto ste-
hen lassen.

Nina kann sich nicht mehr erinnern, ob man den Schlüssel nur trocknen lassen oder die Batterie ersetzt oder das Auto sogar in die Garage geschleppt werden musste. Und sie weiss auch nicht mehr, ob ein Ersatzschlüssel funktioniert hätte. Doch sie erinnert sich vage, dass es dazu ohnehin irgendeinen Code gebraucht hätte, der angibt, wie oft man den Schlüssel nach rechts bzw. links drehen muss und in welcher Kombination. Aber egal, einen Ersatzschlüssel hat sie ohnehin nicht dabei. Jedenfalls steht sie jetzt da mit den zwei Kindern, mitten auf der Nord-Süd-Achse, und ist ein bisschen ratlos.

«Warum gehts nicht auf?» Laras leicht hysterischer Tonfall spricht für sich.

Marc hingegen lümmelt ungerührt auf der hinteren Stossstange herum und tippt auf seinem Gameboy.

«Vermutlich weil mir der Schlüssel ins Waschbecken gefallen ist.»

Lara verdreht theatralisch die Augen und sagt: «Warum steckst du denn den Schlüssel nicht in deine Handtasche oder zumindest in die Hosentasche?»

Da hatte Lara schon Recht, warum konnte ich mir nicht endlich die saublöde Mode abgewöhnen, ständig mit dem Schlüssel in der Hand herumzulaufen? Nur weil es Katja, Eliza oder Claudia auch so machen? Dabei habe ich doch meistens eine meiner vielen Handtaschen dabei. Beim Einpacken der Einkäufe kommt der Schlüsselbund einem sowieso immer in die Quere, und wenn man Pech hat, bricht man sich deswegen auch noch einen Fingernagel ab. Wenn man den Schlüssel jedoch mal ablegt, dann möglichst auffällig, zum Beispiel mitten auf den Cafétisch im ‹Sprüng-

li› oder auf die Bartheke im Golfclub. Was will man damit zeigen? «Seht her, ich habe ein Auto!» Toll – darauf wäre bestimmt niemand gekommen. Aber das habe ich jetzt davon. Was tun? Normalerweise hätte ich einfach kurz Eric angerufen, damit er irgendetwas unternimmt, um mir aus der Patsche zu helfen. Diesmal nahm ich die Sache selber in die Hand.

«Kann sein, dass der Schlüssel wieder funktioniert, wenn er trocken ist», sagt Nina und hofft, dass dies tatsächlich der Fall ist.

«Und bis es so weit ist? Sollen wir hier etwa an dieser miefigen Autobahnraststätte vermodern?» Lara empfindet offensichtlich die ganze Situation fast schon als einen persönlichen Affront.

«Ich schlage vor, wir nehmen die Sache von der abenteuerlichen Seite. Schliesslich sind Ferien, wir haben keine Eile, und wenn man mal was Aussergewöhnliches erlebt, schadet das bestimmt nicht.»

«Sollen wir uns vielleicht in den Kloeingang legen und mit Zeitungen zudecken?» Marc scheint die Situation ganz offensichtlich mehr Spass zu machen als Lara.

«So viel Abenteuer muss ja auch nicht sein. Lasst uns doch gemeinsam überlegen, was wir tun sollen.»

«Warum rufen wir nicht einfach Papi an?», fragt Lara.

«Warum sollten wir? Sind wir denn nicht in der Lage, uns selber um uns zu kümmern?»

Lara schaut ihre Mutter etwas zweifelnd an. So kennt sie sie gar nicht. Ninas normale Reaktion, auch auf das allerkleinste Problem, ist der Griff zum Handy: Irgendjemand wird es schon richten.Und jetzt stehen sie auf diesem lärmigen Parkplatz, und Nina spricht von Abenteuer.

«Ganz abgesehen davon, dass mein Handy ja im Wagen eingeschlossen ist.»

«Nicht nur deins, auch meins», schmollt Lara, die jetzt wahrscheinlich gerne eine ihrer Freundinnen angerufen hätte, um mit ihr gemeinsam über die Unfähigkeit von Müttern zu lästern.

Nina beginnt, in ihrer Handtasche zu wühlen, in der Hoffnung, irgendetwas zu finden, was sie aus der misslichen Lage retten könnte.

«Also, alles, was wir haben, steckt in meiner Handtasche: Lippenstift, Haarbürste, ein Haargummi, ein paar alte Quittungen, mein Portemonnaie mit etwas Bargeld, unsere Ausweise, eine Packung Papiertaschentücher, ein …» – jetzt stockt Nina, denn sie hält ein Präservativ in der Hand, muss wohl noch aus der Zeit mit Paul übrig geblieben sein – «ähm, eine kleine Handcreme …»

«Ja, schon gut», unterbricht sie Lara. «Und wie soll uns der ganze Kram weiterhelfen?»

«Was meinst du, wie lange ein solcher Schlüssel braucht, bis er trocken ist, Marc?»

Marc versteht wesentlich mehr von Technik als Nina oder Lara, aber da ist auch er überfordert.

«Keine Ahnung, vielleicht solltest du ihn trocken föhnen?»

«Sehr witzig, Marc. Woher soll ich denn jetzt einen Föhn nehmen?»

«Auf den Toiletten hat es doch diese Händetrockner, versuch es damit.»

«Eine gute Idee, ihr bleibt hier und rührt euch nicht von der Stelle.»

Ich habe uns schon auf dem Parkplatz campieren sehen, denn ich wollte mir keine Blösse geben: Erst die innovative Mutter herauskehren, um dann doch noch den Papi anrufen zu müssen, das wäre ja total peinlich gewesen. Also bin ich schnell auf die Toilette gegangen und hab gebetet, dass die Blasedinger auch wirklich funktionieren. Im Normalfall würde ich so was niemals benützen, denn ich habe mal gelesen, dass mit der warmen Luft alle möglichen Bakterien praktisch direkt auf die Hände geblasen werden. Und das finde ich echt eklig. Da sind nur noch die Haltestangen im Tram oder der Türknopf im Zug schlimmer. Ich kann mich noch lebhaft erinnern, wie Lara als etwa Dreijährige bei einer unserer seltenen Tramfahrten genussvoll die Haltestange abgeschleckt hat. Ich hätte beinahe die Kost nicht bei mir behalten können, wie es Isa ausdrückt, wenn einem kotzübel ist. Jedenfalls hätte ich dem Kind am liebsten den Mund mit Seife ausgewaschen. Ich bin dann sofort ausgestiegen, habe eine Flasche Mineralwasser gekauft und sie dazu genötigt, ihren Mund unzählige Male zu spülen. Und danach habe ich beiden Kindern beizubringen versucht, in den öffentlichen Verkehrsmitteln niemals etwas anzufassen. Glücklicherweise bleibt es mir meistens erspart, mich mit dem ÖV zu bewegen, mich auf die versifften Polster zu setzen und die geistlosen Sprüche auf den Scheiben lesen zu müssen. Aber die Kinder fahren natürlich mit dem Zug zur Schule, und da lässt sich das nicht vermeiden. Also bleibt mir nur übrig, die beiden nach dem Heimkommen immer sofort zum Händewaschen zu schicken.

Doch jetzt handelt es sich ja um einen Notfall. Im Waschraum befinden sich jede Menge Frauen aller Alters-

und Gewichtsklassen und drängen sich ums Waschbecken oder stehen vor den Toilettentüren an. Auch das noch, denkt sich Nina, aber schliesslich ist jetzt Ferienzeit, und da kann sie nicht erwarten, die Raststätten-Toiletten ganz für sich allein zu haben. Was denken sich all die Frauen jetzt, wenn sie, Nina, eine gepflegte, etwa 40-jährige Frau mit teuren Schuhen, Designer-Jeans und einer Chanelbrille in den Haaren, zum Händetrockner geht und ihren Autoschlüssel drunterhält? Ach, sagt sie sich, ist doch egal, was die denken, das braucht mich nicht zu kümmern. Entschlossen nimmt sie sich ein Papiertuch aus dem Spender, um den grossen, verchromten Knopf am Händetrockner zu betätigen (das ist wohl die allerunhygienischste Stelle in einer Toilette, denkt sie sich), und schon bläst das Gerät mit fast ohrenbetäubendem Lärm los. Sie hält den Schlüssel möglichst nahe darunter und hofft inständig, die komplizierte Technik sei, wenn auch nicht wasserfest, so wenigstens wärmebeständig. Die Frauen um sie herum wundern sich schon etwas, aber Nina klappt einfach die Sonnenbrille herunter und schaut an ihnen vorbei – und tatsächlich: Keine macht irgendeine Bemerkung. Hätte ihr gerade noch gefehlt, dass eine fragt: «Was tun Sie da mit Ihrem Schlüsselbund? Friert der vielleicht?» Und dann all die anderen Weiber, die in blödes Kichern ausbrechen würden. Doch so selbstsicher, wie sie sich gibt, ist Nina denn doch nicht. Sie hat ja keine Ahnung, wie lange das dauert, bis der Schlüssel trocken ist. Und vor allem: Hilft das überhaupt etwas oder ist er ganz einfach kaputt? Nina verlässt fast der Mut, aber sie beschliesst, einfach mal auf hundert zu zählen und es dann nochmals zu probieren.

Bingo – der Schlüssel hat wieder funktioniert. Ich bin ganz schön erleichtert gewesen und natürlich auch ein bisschen stolz darauf, die Sache selber in den Griff bekommen zu haben. Das gibt Auftrieb, und ich hab mir fest vorgenommen, in Zukunft immer erst mal zu versuchen, das Problem selber zu lösen, bevor ich Eric, den Mechaniker, eine meiner Freundinnen oder wen auch immer anrufe und um Hilfe bitte. Als erwachsene Frau werde ich wohl in der Lage sein, meine Angelegenheiten selbst in die Hand zu nehmen.

Kurz vor der Ankunft in ihrem Feriendorf fällt Nina plötzlich ein, dass sie noch gar nie längere Zeit ganz alleine mit den Kindern gewesen ist. Als die beiden kleiner waren, hatte sie immer das Au-pair dabei und so, selbst wenn Eric erst später nachkam, immer noch eine erwachsene Person um sich. Oder sie hat dafür gesorgt, dass eine ihrer Freundinnen mitkam. Und jetzt ist sie mit den beiden ganz allein. Eine ungewohnte Situation, die ihr auch ein bisschen Angst macht. Was tun, wenn jemand eines Nachts einbricht? Oder eines der Kinder einen Unfall hat? Oder die Wasserleitung verstopft ist? Der Herd nicht funktioniert? Der Gedanke daran, was alles schief laufen könnte, macht sie ganz nervös, und sie ist froh, als sie endlich die kurvenreiche, steile Strasse hinter sich gebracht hat, die den Berg hinauf in das kleine Tessiner Dörfchen hoch über dem Lago Maggiore führt, wo ihre Villa steht. Fast alle Häuser hier gehören Deutschschweizern oder Deutschen, sind sorgfältig renoviert worden und stehen die meiste Zeit leer. Aber jetzt in den Sommerferien ist es belebt, und auf dem Parkplatz stehen zu Ninas Erleichterung bereits einige Autos. Erreichbar sind die Häuser nämlich nur zu Fuss über schmale, gepflasterte Treppen und Wege, sodass alle Wagen auf dem grossen Platz am Dorfeingang parkieren.

«So, Kinder, da sind wir. Ich schlage vor, jeder trägt so viel, wie er kann, dann schaffen wir vielleicht alles auf einmal.»

Lara passt es gar nicht, dass sie mit anpacken soll, und sie mault: «Können wir nicht schnell beim Giovanni anklopfen, dass er uns hilft?»

Der etwa 60-jährige Giovanni ist einer der ganz wenigen ‹Ureinwohner› des Dorfes, der Nina und Erics Garten in Schwung hält, kleinere Reparaturen ausführt und beim Gepäcktragen behilflich ist. Nina ist versucht, Marc loszuschicken, um Giovanni zu holen, besinnt sich dann aber.

«Kommt gar nicht in Frage, wir werden wohl in der Lage sein, unseren Kram selber ins Haus zu schaffen – und notfalls laufen wir halt zweimal.»

Widerwillig laden sich die zwei Kinder Säcke und Taschen auf und schlurfen schwer bepackt durch das schmale Gässchen zwischen den hohen Gartenmauern anderer Häuser zu ihrer Villa. Nina geht, ebenfalls die Hände voller Gepäck, voraus und öffnet die Tür. Ein paar Steinstufen führen hinunter in den grossen Wohn-Essraum mit der langen Küchenzeile und dem Cheminée gegenüber. Auf zwei Seiten gibt es grosse, verglaste Schiebetüren, durch die man auf die Terrassen gelangt. Die östlich gelegene nennen sie Frühstücksterrasse, weil hier morgens die Sonne so herrlich drauf scheint. Die andere bietet einen grossartigen Blick über den Lago Maggiore, und von ihr aus führt wiederum eine Treppe auf eine kleine Wiese mit Gartenhalle hinunter, wo ebenfalls ein Cheminée zum Grillen einlädt. Und schräg darunter liegt der Pool. In dieser Jahreszeit ist alles üppig überwuchert, und dank den Palmen um den Pool könnte man meinen, man sei am Mittelmeer. Im Innern des Palazzos hat es jede Menge Zimmer, jedes in einem anderen Farbton gestrichen und mit farblich abgestimmten Möbeln eingerichtet. Und wenn man die Steinstufen ganz nach oben steigt, kommt man in den Turm, in welchem sich ein grosser, quadratischer Raum befindet. Das ist Ninas Lieblingszimmer, denn auf allen vier Seiten hat es grosse Bogenfenster, die den Blick freigeben auf den bewaldeten Hügel oberhalb des Dorfes, nach Ascona, nach Italien und wiederum auf den See. Im Raum stehen verschiedene bequeme Sitzgelegenheiten, und Nina nimmt sich vor, möglichst bald auf einem der Flohmärkte einen schönen Holztisch zu kaufen, um sich hier ihr ‹Büro› einzurichten. Ihren Laptop hat sie natürlich dabei, und sie plant, ein paar neue Rezepte auszuprobieren und andere Vorbereitungen zu erledigen.

Endlich mal wieder im Tessin, es ist einfach herrlich! Zugegeben: Ich hatte ziemliches Herzklopfen, als ich die Tür aufmachte. Hoffentlich hat sich keiner hier eingenistet, hab ich gedacht, und mir ist natürlich sofort eine der Geschichten von Giovanni eingefallen: Ein Deutscher, der hier oben ein Haus hat, war nach längerer Zeit mal wieder hergekommen und musste feststellen, dass offenbar mehrere Leute über Wochen in seinem Haus gelebt hatten. Der Weinkeller war leer, alles war verdreckt, auch Bettwäsche und Badetücher, die Küche sah grauenhaft aus, und ein Teil des Mobiliars wurde anscheinend zum Einheizen des Cheminées gebraucht. Die Täter waren zwar bereits weg, aber das Gefühl, dass jemand in seine Privatsphäre eingedrungen war, war alles andere als angenehm. Zum Glück ist bei uns aber alles genau so gewesen, wie wir es verlassen haben. Nichts kaputt, alles in Ordnung. Die Kinder haben sich gleich in ihre Zimmer verzogen – Lara wahrscheinlich zum Telefonieren, Marc, um in Ruhe ein Computerspiel zu spielen. Den beiden stinkt es ein bisschen, wundert mich eigentlich nicht, die wären lieber mit ihren Freunden weg oder wenigstens mit uns an irgendeinen exotischen Ort. Aber mit ein bisschen Glück hat es noch andere Kinder oder Teenies, die mit ihren Eltern die Ferien hier oben verbringen.

Mit der Zeit treffen tatsächlich mehr Familien ein, und viele der Kinder kennen sich aus früheren Ferienaufenthalten. Nina staunt, wie sie älter geworden sind, teilweise schon fast erwachsen, aber mit ihren eigenen zwei ist es ja auch nicht anders. Jedenfalls haben sie offensichtlich viel Spass miteinander, schwimmen zusammen im Pool, spielen Basketball oder hängen einfach ein bisschen herum und plaudern. Lara verliebt sich in den Sohn eines Nachbarn, den sie noch vor einem Jahr als ‹Weichei› bezeichnet hat, und Marc beeindruckt ein paar jüngere Mädchen mit seinen Skateboardkünsten.

Nina hat schon am ersten Abend das Buch ‹Italienisch für Anfänger› herausgenommen und übt jetzt fleissig. Sie nutzt jede Gelegenheit, um ihr neu erworbenes Wissen zu vertiefen. Giovanni, mit dem sie jeden Tag ihren Espresso trinkt, hat sie zu ihrem Lehrer gemacht, und auf den Gemüse- und Früchtemärkten in den Dörfern der Umgebung kann sie sich mit den Händlern schon ganz gut unterhalten – kein Vergleich zu ihrem peinlichen Auftritt damals im Italienischkurs, als sie von der Lehrerin heruntergeputzt wurde. Nina ist richtig stolz auf sich, dass sie in so kurzer Zeit so viel gelernt hat. Im Übrigen verbringt sie viel Zeit mit Kochen, probiert allerhand Rezepte aus und bekocht auch gleich noch die Kinder aus der Nachbarschaft. Noch selten hat sie sich hier so wohl gefühlt. In anderen Jahren war das ganz anders: Die Kinder wurden von den Au-pairs versorgt, zum Essen sind sie meist ins Restaurant gegangen, und ausser ein paar Shoppingtouren in Ascona hat sie kaum etwas unternommen. Um den Haushalt und die Wäsche kümmerte sich Giovannis Nichte Angelina, und so ist sie die meiste Zeit im Liegestuhl gelegen, hat in Magazinen geblättert – und sich schrecklich gelangweilt. Bald einmal hat sie die Tage gezählt, bis es wieder nach Hause ging. Dort hat ihr ihr Terminkalender – Kosmetikerin, Freundinnen-Lunch, Fitnesscenter, Kinder abholen, einkaufen gehen – zumindest vorgegaukelt, dass sie etwas zu tun hat.

Dieses Jahr ist alles anders: Nina steckt voller Tatendrang. Als Erstes nimmt sie sich den Garten vor: Büsche schneiden, Pflanzen umtopfen, Rasen mähen, die Granitplatten und Treppenstufen mit dem Hochdruckreiniger säubern – für Nina, die all dies noch nie gemacht hat, sind solche Arbeiten eine echte Herausforderung. Auch hier kann sie auf Giovannis Unterstützung zählen, der ihr geduldig erklärt, wie man den Rasenmäher anwirft, wie man speditiv beim Heckenschneiden vorankommt und worauf man beim Umtopfen achten muss. Jeden Abend wandelt Nina voller Stolz durch den Garten, wo es zwar immer noch üppig, jetzt aber kontrolliert wuchert. Danach nimmt sie sich das Gartenmobiliar vor: Die Liegestühle werden gründlich gereinigt, die schönen, alten Gartenstühle bekommen einen neuen Anstrich, und über dem langen Granittisch montiert sie eine Lichterkette mit farbigen Glühbirnen. Die kleine Küchenterrasse bestückt sie mit einem alten, runden Bistrotisch und einem passenden Stuhl, die sie in einer Ecke des Gartens, praktisch zugewuchert, gefunden hat. Das ist ab jetzt ihr Platz, wo sie Gemüse rüstet, in Kochbüchern schmökert oder einfach nur vor sich hin träumt. Sie freut sich über ihre neu entdeckten Seiten und beschliesst, ihren Eintritt in das ‹richtige Leben›, wie sie es nennt, mit einem kleinen Sommerfest zu feiern.

Vorbei sind für sie die Zeiten, wo sie alles anderen überliess – ab sofort nimmt sie ihr Leben selber in die Hand. Das zumindest hat sie sich fest vorgenommen. Für das Essen lässt sie sich von Rezepten der italienischen Küche und der Tessiner Küche inspirieren, die sie in einem Buch entdeckt hat, das wohl schon seit ewigen Zeiten unberührt im Bücherschrank steht: Rucolasalat, Risotto, mariniertes Gemüse, Vitello tonnato und vieles andere mehr. Dazu gibt es natürlich Merlot del Ticino, von dem es noch jede Menge im Keller hat. Die Kinder, die eigentlich gar keine Kinder mehr sind, braten sich etwas abseits der Erwachsenen Ninas selbst gemachte Hamburger auf dem Grill und verziehen sich später an ihren Treffpunkt, einen Aussichtspunkt etwas oberhalb des Dorfes. Was sie dort treiben, ist nicht ganz klar, aber allzu genau will es Nina heute Abend auch nicht wissen. Jedenfalls amüsieren sich alle prächtig, und das Fest wird ein voller Erfolg.

Die Party war wirklich ein Hit. Ich wusste gar nicht, dass wir so nette Nachbarn haben. Da verbringen wir seit Jah-

ren immer wieder ein paar Tage oder Wochen hier im Tessin und haben kaum je ein Wort mit jemandem gewechselt. Und nach nur einem fröhlichen Abend bin ich mit einigen schon fast befreundet. Schade, dass die Ferien bald vorbei sind. Ein herrliches Gefühl, sich mal die Leute, mit denen man sich wirklich unterhalten will, selber aussuchen zu können. Klar sind darunter auch einige, mit denen ich nicht allzu viel anfangen kann, aber das macht ja auch nix. Dafür hat es andere, die wirklich interessant sind: Maria beispielsweise, die Tessinerin, die einen Deutschschweizer geheiratet hat und trotz ihrer drei Kinder das Coiffure-Geschäft ihrer Eltern führt. Die ist wirklich witzig und hat so viel Pep, dass es für zwei reichen würde. Ganz anders als Eliza oder Claudia mit ihrem ewigen Gejammer über ihren Stress oder all die anderen Weiber (zu denen ich ja bis vor kurzem auch gehört habe), die im Grunde genommen einfach gar nichts tun, sich aushalten lassen von ihren Männern und doch meinen, sie müssten auf andere herunterschauen. Wie damals vor einigen Jahren, als Marc etwa sechs Jahre alt war und ich ihn zum Geburtstagsfest eines Kindergarten-Freundes fuhr. Dort waren nebst den Kindern wie immer jede Menge Frauen, die beim obligaten Glas Champagner Small Talk machten. Ausser Isa, die damals noch hier lebte, habe ich kaum jemanden gekannt. Jedenfalls wurde so über allerlei geplaudert und Isa erzählte, dass sie als Journalistin arbeite. Darauf meinte die Gastgeberin: «Ja, die Branche kenne ich, da war ich auch mal tätig.»

«Und, was machst du jetzt?»

«Mit Journalismus habe ich nichts mehr zu tun. Weisst du, ich hab so viel um die Ohren mit dem Haus und den

*Kindern. Und ich **muss** – im Gegensatz zu anderen – ja nicht unbedingt arbeiten.»* Ich habe diese Bemerkung Isa gegenüber ziemlich taktlos gefunden, denn diese hat keinen vermögenden Ehemann oder reiche Eltern im Hintergrund, die immer darauf achten, dass das Konto fein gefüllt ist. Übrigens: Die Gastgeberin von damals ist inzwischen Alkoholikerin und macht keinen besonders glücklichen Eindruck.

11

«Irgendwie hast du dich verändert.»

Eric und Nina sitzen nach langer Zeit wieder einmal zusammen beim Apéro. Eric mustert sie, als sähe er sie heute zum ersten Mal.

«Wie meinst du das?»

«Du siehst so strahlend aus – einfach schön.»

«Danke für das Kompliment. Vielleicht weil ich noch ein bisschen braun bin. Ausserdem habe ich etwas zugenommen, vielleicht liegt es daran?»

«Ach was, du hast eine super Figur, das habe ich dir schon tausendmal gesagt. Es muss was anderes sein. Hast du eine neue Frisur?»

«Neu gerade nicht, ich war nur bereits eine Weile nicht beim Coiffeur, deshalb sind die Haare wohl etwas länger.» Und auch dunkler, fällt ihr ein, denn die letzte Tönung ist sicher schon zwei Monate her.

«Na ja, ist ja auch egal. Eigentlich wollte ich dich wieder mal so richtig schön zum Essen ausführen mit allem Drum und Dran.»

Was Eric darunter versteht, das weiss Nina aus langjähriger Erfahrung. Erst ein teures Essen bei einem 19-Gault-Millau-Punkte-Koch mit Champagner, Wein und Digestif, und dann nach Hause ins Bett. Dort wird sich Eric nicht lange mit irgendwelchem Vorgeplänkel aufhalten, und wenn sie gut mitspielt, ist es für ihn ein richtig gelungener Abend. Viel Lust auf diese Art Sex hat Nina nicht, aber das Essen will sie sich nicht entgehen lassen. Seit einiger Zeit hat sie für raffinierte Kreationen ein professionelles

Interesse, und sie scheut sich auch nicht, dem Koch ein paar seiner Geheimnisse zu entlocken, wenn dieser die Runde durch sein Restaurant macht.

«Aber gerne, warum nicht? Das haben wir lange Zeit nicht mehr gemacht.»

«Also gut, ich buche auf den nächstmöglichen Termin einen Tisch bei ‹Petermann›. Ich freue mich drauf.»

Eines muss man ihm lassen: Kochen kann er, auch wenn das etwas üppige Ambiente nicht gerade mein Ding ist. Aber immerhin hat er mir das eine oder andere verraten, und auf der Toilette habe ich mir schnell einige Notizen gemacht. Eric hat sich ein bisschen gewundert, dass ich mich durch das ganze Menü surprise gefuttert habe – früher hätte ich von jedem Gang höchstens einen Bissen genommen. Oder dann die Nummer mit den Extrawünschen abgezogen: «Ich nehme das Herbstmenü, aber bitte ohne Spätzle und statt dem Hirschentrecôte lieber mit Pouletbrüstchen, und das Rotkraut hätte ich gerne durch Karotten ersetzt, aber bitte nicht in Butter gedünstet.» Und so weiter und so weiter. Dass man damit einen Kellner und erst recht den Koch in den Wahnsinn treibt, ist mir kaum je bewusst gewesen. Und überhaupt: Wenn ein guter Koch einen Menüvorschlag unterbreitet, dann sind bestimmt alle Zutaten frisch und passen zueinander, und es wäre schade, daran herumzupfuschen. Der will ja nicht einfach seine Reste an den Mann oder die Frau bringen, sondern diese mit einem kulinarischen Hochgenuss verwöhnen. Und da sollen doch diejenigen, die den Salat ohne Sauce möchten, sich gleich hinter den Löwenzahn machen, der aus den Ritzen des Parkplatzbelags wächst.

Jedenfalls kam nach dem Essen der unangenehmere Teil. Sex mit Eric ist stinklangweilig, da kann ich noch lange den Paul vor meinem geistigen Auge agieren lassen.

Aber etwas Gutes hat das Schäferstündchen doch gebracht. Mir ist eine super Idee gekommen, wie sich mein Geschäft von den unzähligen anderen unterscheiden könnte – abgesehen vom Essen, das wirklich hervorragend sein muss. Ich biete eine Art All-in-one-Service an: Vom Bettwäschewechsel bis zum Ersatzzahnbürstchen und dem Präservativ im Nachttisch werde ich nebst dem Essen alles im Angebot haben. Und es ist auch klar, an wen ich mich hauptsächlich wende: an Singles und Ehemänner, die mal eben eine Nummer mit ihrer Assistentin schieben wollen. Und an Ehefrauen, die sich einen ‹Hausfreund› halten. Ich kann mir nämlich kaum vorstellen, dass sich hier in der Gegend alle Frauen mit dem, was ihre Angetrauten in Sachen Sex zu bieten haben, zufrieden geben. Und wo treffen sie sich? Im nahe gelegenen Wochenendhaus, in der Wohnung, in welcher angeblich jeweils die ausländischen Geschäftsfreunde untergebracht werden, in der Stadtwohnung, die sich der eine oder andere nebst seiner Villa leistet, oder vielleicht auch ab und zu im eigenen Heim, wenn der Rest der Familie ausgeflogen ist.

Aber wie auch immer: So ein Tête-à-Tête braucht einiges an Vorbereitung – und die werde ich diskret übernehmen. Natürlich gegen entsprechendes Honorar – absolute Verschwiegenheit inbegriffen. Ich hab auch schon den passenden Namen: ‹à discrétion› soll mein Geschäft heissen, und den Domain-Namen habe ich mir bereits reserviert, die Homepage wird der Bruder von Jan machen, der irgendwas mit Computern macht und als «Gebrauchsgra-

fiker», wie er sich manchmal scherzhaft nennt, auch gleich noch das Briefpapier, die Visitenkarten etc. entwerfen und der Druckerei in Auftrag geben.

Ich bin ganz aufgeregt, endlich läuft mal was. Was mir jetzt noch fehlt, sind die Kunden.

Leise tappst Nina durch das schlafende Haus. Erst im unteren Stock traut sie sich, Licht zu machen. Sie möchte Eric auf keinen Fall aufwecken, denn sie ist hinter seinem Adressbuch her. Weshalb sollte sie sich das Hirn zermartern, wo sie ihre Auftraggeber herbekommt? Erics Freunde und Bekannte sind doch genau diejenigen, die ihr Angebot ansprechen dürfte und die somit potenzielle Kunden für ihr Geschäft wären. Barfuss geht sie über den schönen Parkettboden durch den Living-Room in die Bibliothek, die mit einem hochflorigen Teppich ausgelegt ist. Da, auf dem Eichenschreibtisch, liegen wie üblich Erics lederne Aktenmappe, sein Handy und seine Autoschlüssel. Schnell öffnet sie die Mappe und nimmt das Adressbuch heraus. Keine halbe Stunde später hat sie eine ganze Liste von Namen und Telefonnummern – sie braucht nur noch über das Internet die Adressen herauszufinden. Allerdings ist ihr nicht entgangen, dass auch die Handynummern einiger Frauen eingetragen sind. Während sie von den Männern doch den einen oder anderen kennt, sind ihr die Frauen völlig unbekannt. Doch im Moment mag sie nicht darüber nachdenken, jetzt hat sie Dringenderes zu tun. Sie legt die Liste in die abschliessbare Schublade in ihrem Schreibtisch und geht zufrieden ins Bett.

12

*Angebissen! Der Erste hat schon angebissen. Es ist noch
keine Woche her, seit ich meine Broschüre an Erics Freunde und noch ein paar andere, die ich von Partys oder irgendwelchen anderen Events kenne, verschickt habe. Und
jetzt hat mir bereits einer übers Internet einen Auftrag
gegeben. Eine Handynummer hat es zwar auch drauf auf
dem Prospekt, aber die soll ja nur für Notfälle sein, denn
Diskretion wird ganz gross geschrieben in meinem Business. Meinen ersten Kunden kenne ich nicht persönlich,
aber ich nehme an, er hat meine Adresse über einen Freund
oder von Kollegen bekommen. Der Mann wünscht nicht
nur ein kleines 5-gängiges, aphrodisisches (!) Menü, sondern auch noch allerlei Extras …*

Am darauf folgenden Tag steckt Nina voller Tatendrang
in den Vorbereitungsarbeiten für ihren ersten Auftrag. Dieser muss einfach perfekt sein, erklärt sie auch Jan und Luciana, denn wer erst einen schlechten Ruf hat an der Goldküste, der kann gleich einpacken.

Der Garagenbesitzer einer BMW-Vertretung beispielsweise hat sich mal dazu hinreissen lassen, sich mit seiner
Zigarre in ein Kundenfahrzeug zu setzen. Zwar hat er es
gleich gemerkt und das stinkende Teil weggeworfen, aber
die Kundin hat die kleine Szene mitbekommen und sich
darauf einen anderen Garagisten gesucht – was dann auch
ihre BMW-fahrenden Bekannten getan haben. Jedenfalls
ist es kein Jahr gegangen, und der Garagist mit dem Stum-
pen musste seinen Laden schliessen.

So ein Lapsus darf Nina keinesfalls passieren, und so nimmt sie sich besonders viel Zeit für die Planung des Menüs.

«Hast du die Belon-Austern bekommen, Jan?»

«Nein, es hatte nur noch Colchester.»

«Macht nichts, die schmecken mindestens ebenso gut.»

«Spargel sind ein bisschen problematisch. Zwar sind sie erhältlich, aber es ist halt nicht Saison, und deshalb schmecken sie auch nicht so besonders.»

«Also dann lassen wir sie weg, dafür gibt es eine leichte Selleriesuppe und danach ein schönes Stück Fleisch, Wild oder Geflügel mit Pinienkernen. Und zum Dessert was mit Vanille und Schokolade.»

Doch nicht nur das Menü gibt einiges zu diskutieren, auch die anderen Vorbereitungen.

«Luciana, du beschaffst mal alles Übrige. Also, schreib mit: Präservative …»

«… Präservative? Welche Grösse denn?»

«Keine Ahnung, nimm halt einfach die normalen, die werden schon passen.»

Die beiden Frauen kichern los, und Nina ist sich einmal mehr bewusst, wie viel mehr Spass sie hat mit Luciana als mit ihren Freundinnen. Die hat sie in letzter Zeit nur selten gesehen. Während der Sommerferien sieht man sich sowieso kaum – alle sind auf Reisen oder halten sich in ihren Ferienhäusern auf. Das Quartier ist dann wie ausgestorben.

Eigentlich schade, denn im Sommer ist es hier doch am schönsten, sofern das Wetter mitspielt. Ob im See, im Pool oder einfach im Garten – da kommt jede Menge Ferienstimmung auf.

Aber das ist nicht angesagt, denn man möchte ja ein bisschen Abwechslung haben.

«Ich will auch mal was anderes sehen», hat sie selbst noch vor einem Jahr zu Eric gesagt, als dieser vorschlug, doch einmal zu Hause Ferien zu machen. «Und überhaupt, wie sieht denn das aus? Als könnten wir es uns nicht mehr leisten.»

Eric gab nach, und so sind sie mit den beiden Kindern auf eine Karibik-Insel geflogen, wo sie in einem 5-Sterne-Resort abgestiegen sind. Wenn Nina ehrlich ist, muss sie zugeben, dass sich dieser Urlaub kaum unterschieden hat von früheren Ferien auf den Malediven, den Seychellen, auf Mauritius oder Hawaii: Sonne, Strand, Meer, Palmen, schönes Hotel, guter Service, reichhaltiges Essen, freundliches Personal – immer dasselbe. Und so ist sie ganz froh gewesen, dass Eric diesen Sommer keine Zeit gehabt hat, um mit ihnen zusammen irgendwohin zu fliegen, und sie mit den Kindern in ihr Haus ins Tessin gefahren ist.

Bei ihrem ersten Frauen-Lunch nach diesen Ferien hat sich Nina gelangweilt wie noch nie. Für Kleider interessiert sie sich kaum noch, Frisuren sind ihr auch ziemlich egal, und den ganzen Klatsch über andere Frauen oder Männer aus ihren Kreisen mag sie auch nicht mehr hören. Nur wenn es darum geht, dass jemand eine neue Geliebte hat, spitzt sie die Ohren, fragt allenfalls beiläufig ein bisschen nach und sendet dann, kaum ist sie zu Hause, einen ihrer schönen, diskreten Prospekte an die entsprechende Adresse. Um niemanden in Verlegenheit zu bringen, ist ihr Angebot sehr vage formuliert und kaum von dem eines gewöhnlichen Party-Service zu unterscheiden. Erst wer sich die

Mühe macht, ihre Homepage anzuschauen, bekommt die ganze Bandbreite ihres Angebots zu sehen. Das ‹Ausspionieren› von möglichen Kunden ist fast noch der einzige Grund, weshalb Nina sich mit ihren ‹Freundinnen› trifft. Seit sie ihr eigenes Geschäft hat, interessiert sie sich tatsächlich mehr für frische Eierschwämme als für Elizas Stress, Katjas ‹Probleme› mit den Kindern, Claudias Geschäfts(un)tüchtigkeit oder Kikis Handicap.

«Dann brauchen wir noch Blumen, Zigaretten, Streichhölzer, Kerzen und ein ‹Notfallset› fürs Bad, also Zahnbürste, Zahnpasta, Duschgel und einen Kamm», diktiert Nina weiter. «Wer weiss, was die Dame so bei sich führt – oder eben nicht –, wenn sie sich mit Herrn B. zum Rendez-vous im intimen Rahmen trifft.»

«Keine Ahnung, aber wenn die Sache mir wirklich was wert ist, dann ist es doch total egal, ob ich seine Zahnbürste benützen muss oder eine eigene bekomme.»

«Du bist halt nicht heikel, ausserdem ist das bei dir kein Thema, oder was meinst du, Jan?»

Dieser ist aber ganz beschäftigt mit dem sorgfältigen Unterziehen der Vanilleschlagsahne in das zartbittere Schokoladenmousse und hört den beiden gar nicht zu.

«Was heisst da heikel?», fragt Luciana. «Wer jemanden an sein Intimstes lässt, den sollte es auch nicht vor dessen Zahnbürste ekeln, findest du nicht?»

Wie zwei Teenager kichern die beiden Frauen wieder los.

Es ist einfach zu schön: Ich habe mein eigenes Geschäft, einen tollen Arbeitsplatz – gibt es etwas Besseres als den

Arbeitsplatz in der Küche? – und ein gutes Team. Unser erster Auftrag war ein voller Erfolg. Zusammen mit Jan habe ich alles fein vorbereitet, sodass Herr B. den Hauptgang, ein zartes Perlhuhnbrüstchen an einem Balsamicojus mit Pinienkernen, nur noch kurz in den vorgewärmten Backofen schieben musste und die Selleriesuppe gleich servieren konnte.

Während wir gekocht haben, ist Luciana, das Goldstück, in B.s Wohnung gewesen und hat dort ein bisschen aufgeräumt, die Bettwäsche gewechselt, den Tisch gedeckt etc. Muss ein ziemliches Chaos geherrscht haben in seiner Junggesellenwohnung, hat sie erzählt, überall Unterhosen und Socken, die herumgelegen sind, Gläser und Aschenbecher, und er hat sich nicht mal die Mühe gemacht, die Pornohefte zu verstecken. Na ja, egal, das ist unser Job, und dafür werden wir auch grosszügig bezahlt. Jedenfalls haben wir am nächsten Tag, als wir unser Geschirr etc. abgeholt haben, an den ‹Spuren› erkannt, dass der Abend nichts zu wünschen übrig gelassen hat. Und Herr B., der die ganze Sache ja schon per Kreditkarte bei Auftragserteilung bezahlt hat, hat auch noch ein grosszügiges Trinkgeld auf dem Tisch hinterlassen mit der Notiz, dass er unsere Dienste gerne ein anderes Mal wieder in Anspruch nehmen und uns gerne auch weiterempfehlen würde. Ha, so mag ich es, und ich habe Isa gleich meinen ersten Erfolg gemailt. «Wusst ichs doch, dass viel mehr in dir steckt als ab und zu – ähm – Entschuldigung, und du auch in der Lage bist, Hände und Hirn für mehr als zum Umblättern der Seiten im ‹Cosmopolitan› zu gebrauchen. Weiter so!!!», schrieb sie zurück.

13

Eigentlich hat Nina das Aufstehen immer gehasst, doch seit sie das ‹à discrétion› hat, ist sie jeweils schon vor dem Piepen des Weckers wach. Noch im Liegen überlegt sie sich, was es an diesem Tag zu tun gibt, wo allenfalls Probleme auftauchen könnten und wie sie diese lösen würde. Bis jetzt hat sie aber alles recht gut im Griff – und das gibt ihr enormen Auftrieb. Nach ihrem ersten gelungenen Auftrag ist es keine drei Tage gegangen, bis der nächste Kunde sich gemeldet hat. Und seither läuft es richtig gut. Inzwischen hat sich auch schon eine gewisse Routine eingestellt. Kaum sind Lara und Marc aus dem Haus, fährt Nina zu Pauls Küche. Jan ist meist schon da und erstellt Menü- und Einkaufslisten. Alle haltbaren Nahrungsmittel sollten immer in genügenden Mengen vorrätig sein, sodass er und Nina nur noch die frischen Zutaten einkaufen gehen müssen. Danach trinken die beiden schnell einen Kaffee, besprechen die Arbeitsabläufe und legen dann los.

Inzwischen räumt Luciana in der Wohnung des Auftraggebers auf, bringt Platten und Schüsseln zurück und hilft dann mit beim Mise en place, bevor sie sich zum nächsten Kunden aufmacht, um dort nach dem Rechten zu sehen. Bei den einen ist das keine grosse Sache, bei anderen aber muss sie sich ziemlich dranhalten, um fertig zu werden.

«Stellt euch vor, der hat nicht mal die Bilder seiner drei Kinder weggeräumt», erzählt sie. «Wer will denn unter diesen Umständen in ein fremdes Bett gelockt werden? Wenigstens hat seine Frau fast ihr ganzes Zeug im Badezimmer mitgenommen in ihr Wellness-Wochenende oder in das Haus in den Bergen oder zur Shoppingtour in New York oder wo immer sie hin verschwunden ist.»

«Und wo hat er seine drei Kinder versteckt?», fragt Jan.

«Keine Ahnung, aber fürs Babysitten bin ich nicht auch noch zuständig, es reicht mir schon, wenn ich den ganzen Kram der Kleinen wegräumen muss. Bei denen siehts ja aus wie bei ‹Franz Carl Weber›.» Luciana ist in bescheidenen Verhältnissen aufgewachsen und staunt immer wieder über die Grösse der Häuser, die Ausstattung und vor allem das viele Kinderspielzeug.

Damit nachher wieder alles so ausschaut wie vorher, hat sie sich angewöhnt, bei den ‹komplizierten› Fällen Polaroids zu machen. Nina hat das im ersten Moment nicht für eine gute Idee gehalten.

«Stell dir vor, jemand erfährt zufällig, dass wir Fotos von den Wohnungen unserer Kunden machen. Da können wir gleich schliessen, denn was hat das noch mit Diskretion zu tun?»

«Du hast schon Recht. Aber ich kann mir doch unmöglich merken, an welcher Seite der Kinderstuhl am Tisch gestanden hat oder in welcher Reihenfolge die Dame des Hauses ihre Parfüms aufgereiht haben möchte», hat sich Luciana gerechtfertigt, und schliesslich hat Nina eingelenkt – unter der Bedingung, dass die Fotos nach Gebrauch sofort weggeworfen werden, und zwar nicht beim Kunden, sondern hier in der Küche. Verschwiegenheit ist das A und O in ihrem Betrieb, und sie will unter allen Umständen vermeiden, dass ihre Auftraggeber an ihrer Diskretion zweifeln. Nicht umsonst hat sie ihren Betrieb ‹à discrétion› genannt: Verschwiegenheit ist ebenso wichtig wie die Möglichkeit, so viel zu bekommen, wie man gerne möchte.

Nina könnte inzwischen ganze Klatschspalten füllen mit ihrem Wissen über das heimliche Treiben der Herren der Goldküste – was sie natürlich niemals tun würde. Richtig pikant wurde es aber, als der Auftraggeber aus dem Bekanntenkreis stammte.

Dass Claudias Ehemann nicht gerade eine treue Seele ist, ist ja nichts Neues. Aber dass ausgerechnet ich es bin, die ihm half, einen seiner Seitensprünge diskret vorzubereiten, war mir doch ein bisschen peinlich. Claudia war an irgendeiner Möbelmesse, die Kleine bei der Grossmutter, und da nutzte Christian natürlich die Gelegenheit für eine heisse Nummer bei irgendwem. Jedenfalls hat er weder am Essen noch am Trinken noch an den nötigen Vorbereitungen gespart, und offensichtlich hat alles wunschgemäss geklappt. Ich hoffe aber, dass ich Claudia nicht demnächst über den Weg laufe. Natürlich ist sie nicht gerade meine beste Freundin, aber das hat sie nun doch nicht verdient. Anderseits: Er bezahlt sie ja praktisch dafür, dass sie wegschaut, und zwar fürstlich. Soweit ich weiss, läuft ihr Laden nach wie vor überhaupt nicht, und schon die Miete verschlingt Unsummen, ganz abgesehen von den vielen teuren Möbeln, die keiner will. Das Beste aber ist, dass ihr Mann uns gleich zwei Aufträge gegeben hat, den zweiten anscheinend aus schlechtem Gewissen, denn dieses Mal war es Claudia, die er mit unseren Köstlichkeiten überrascht hat. Allerdings wählte er für diesen Anlass den günstigsten Champagner, den wir im Angebot haben.

Die Zusammenarbeit mit Jan klappt gut, auch wenn Nina manchmal das Knistern, das sie bei Paul so beflügelt hat, fehlt. Und nicht nur das Knistern. Sie ertappt sich öfters dabei, wie sie attraktive Männer danach taxiert, ob diese für sie als Liebhaber in Frage kämen. Die Männer, die sie an Partys oder bei anderen Einladungen mit Eric trifft, interessieren sie allerdings selten. Die sind Eric viel zu ähnlich. Und einen Tennis- oder Golflehrer will sie schon gar nicht. Nein, es sind ganz normale Männer wie beispielsweise der nette junge Mann, den ihr Gärtner manchmal als Assistenten mitbringt, oder auch der Weinlieferant, der für ihr Geschäft edle Tropfen in Pauls Küche anliefert und mit dem sie schon die eine oder andere sehr erbauliche Weinprobe gekostet hat. Eben ‹richtige› Männer, die nicht (nur) durch ihr Vermögen beeindrucken. Zu ihrem Erstaunen merkt sie, dass auch sie eine gewisse Wirkung auf diese Männer hat, dass diese sie nämlich als Frau und nicht nur als reiche Ehefrau sehen. Solche Begegnungen heben ihre Laune beträchtlich. Seit sie so viel Zeit damit verbringt, das Ambiente für eine gekonnte Verführung zu schaffen, hat sie ein ganz anderes Verhältnis dazu. Klar war Paul an dieser Veränderung nicht ganz unschuldig, aber je länger, je öfter fragt sich Nina, weshalb sie an Erics Seite darben soll, wo es doch auch andere Möglichkeiten gäbe. Männer sind da ja auch nicht besonders zurückhaltend, es kommt sogar vor, dass sie ihre Geliebte ganz offiziell ‹halten› und sich kaum jemand darüber wundert. Erst vor kurzem ist ein Freund von Eric zum dritten Mal Vater geworden. Seine beiden Töchter sind 16 und 17, und nun hat er noch einen Sohn von seiner Geliebten bekommen. Seine Frau hat das akzeptiert und sogar die junge Mutter im Spital besucht. Inzwischen – und das ist das Traurige – interessiert sich Erics Freund aber nicht mehr allzu sehr für seine Geliebte und schon gar nicht für sein jüngstes Kind, er bezahlt zwar ihre Miete und hat ihr auch ein Auto gekauft, aber er schaut sich bereits nach einer Neuen um. Er hat sich praktisch aus seinen Verpflichtungen freigekauft – ein typisches Privileg wohlhabender ‹Fremdgänger›.

Als sie Isa die Geschichte erzählt hat, hat sich diese ziemlich ereifert: «Es ist einfach unglaublich, was sich manche Kerle leisten, und das sag ich dir nicht als Katholikin, sondern als Frau und Mutter. Wenns denn schon sein muss, dann aber gefälligst unauffällig und mit Gummi drum.»

Nina findet, Isa hat Recht: Wer seine Frau betrügt, der soll das wenigstens für sich behalten. Und das gilt auch im umgekehrten Fall.

Im Moment hat Nina aber keine Zeit für allfällige Liebesabenteuer, denn nebst ihrem Geschäft hat sie auch noch gesellschaftliche Verpflichtungen als Ehefrau wie Einladungen zu Partys und Apéros. Vor kurzem ist sie sogar in den Genuss gekommen, ihre eigenen Kreationen zu kosten anlässlich eines Geburtstagsessens.

Weshalb gerade ‹à discrétion› diesen Auftrag erhalten hat, ist Nina bei der Gelegenheit auch klar geworden. Die Dame des Hauses wollte ihren Mann an seinem Geburtstag mit einem selber gekochten Menü überraschen, obwohl sie kaum in der Lage ist, Wasser für einen Tee warm zu machen. Jedenfalls hat ‹à discrétion› einen perfekten Dreigänger angeliefert, auf die hauseigenen Schüsseln und Platten drapiert, und Jan hat der Hausfrau ein paar wenige, einfache Instruktionen gegeben, worauf diese dann die Speisen als selbst gekocht ‹verkauft› hat. Aber Gott straft sofort, wie Isa immer sagt.

Das war ja mal wieder ein Abend, den hätte ich besser mit ‹Schwester Stefanie› vor dem TV verbracht. Da will doch Iris, die Frau eines Geschäftsfreundes von Eric, mit ihren Kochkünsten brillieren und engagiert uns, um zu kochen. Selbstverständlich habe ich nur bei den Vorbereitungen geholfen, die Arbeiten in Iris' Küche hat Jan übernommen. Und dann stolziert sie mit der Schürze überm Gucci-Blüschen zwischen Küche und Esszimmer hin und her und zieht eine Riesenshow ab, um dann mit dem ersten Gang, einer Bisque, die Jan bereits in Suppenschalen in den 60-grädigen Ofen gestellt hat, zu erscheinen. Natürlich schmeckte die Suppe herrlich, und die feine Dame hat, ohne mit der Wimper zu zucken, sämtliche Komplimente eingeheimst. Das konnte ich kaum mit ansehen und habe sie gefragt: «Diese Suppe ist einfach himmlisch, was steckt denn da drin?»

Sie ist kurz aus dem Konzept geraten und hat dann gesagt: «Ach, weisst du, das ist mein Betriebsgeheimnis.»

«Ich frage mich nur, sind es Flusskrebse oder Scampi, die den feinen Geschmack geben?»

«Keins von beiden, du weisst doch, ich esse kein Meeresgetier.»

Schliesslich hat sie das Ganze als Gemüsecremesuppe ausgegeben.

Beim nächsten Gang waren wieder alle hin und weg, und ich konnte es mir wiederum nicht verkneifen, sie zu fragen, wo sie denn dieses sagenhaft zarte Rindsfilet gekauft hat.

«Beim Metzger unten im Dorf, der hat fantastisches Bio-Fleisch, den kann ich nur empfehlen. Ich kaufe praktisch immer da ein und erhalte hervorragende Ware.»

Ja, anscheinend hat sie nicht mal gemerkt, dass der Metzger Betriebsferien hat. Jedenfalls war der Abend eine Nullnummer, abgesehen vom Essen, und das Geturtel zwischen Iris und ihrem Mann ist mir mächtig auf den Wecker gegangen. Da linkt sie ihn nach Strich und Faden, was ihre Kochkünste anbelangt, und er säuselt «meine kleine Bocuse» in ihr goldkreolenbesetztes Ohr. Wenigstens hat sich Eric nicht bemüssigt gefühlt, auch noch den frisch Verliebten herauszuhängen.

Dann aber ist endlich ein bisschen Action in den öden Abend gekommen. Anscheinend hat die gute Iris vergessen, den Herd auszuschalten, und irgendwie ist eine Rolle Küchenpapier in Brand geraten. Jedenfalls hat es plötzlich nach Rauch gerochen, und Iris ist wie ein aufgescheuchtes Huhn in die Küche gerannt. Ihr Mann hat sich gar nicht erst mit Details herumgeschlagen, sondern gleich die Feuerwehr gerufen. Ich bin inzwischen auch in die Küche gegangen, wo das Feuer schon ausgegangen war – einzig ein wenig Qualm war noch zu sehen. Mit ein bisschen Lüften wäre das Problem wohl gelöst gewesen, aber die Feuerwehr in Herrliberg ist schnell. Jedenfalls standen die nach ein paar Minuten bereits vor dem Anwesen, konnten aber nicht hinein, weil das Tor zu schmal ist. Was tun? Sie brachen kurzerhand mit ihrem mächtigen Feuerwehrauto durch die Einfahrt und mähten nebst dem Schmiedeeisentor auch noch die Gartenmauer aus Sandstein um. Dass sie auch noch das Haus unter Wasser setzten, konnte gerade noch verhindert werden. Die Einfahrt hat danach ausgesehen, wie wenn eine Bombe eingeschlagen hätte. Alles in allem also ein gelungener Abend!

14

«Wie fühlen Sie sich, wenn Sie heute an Schaufenstern vorbeigehen?» Dr. Lasalle mustert Nina durch die randlose Brille, und einmal mehr ist sie überzeugt davon, dass ein guter Psychiater die Menschen durchschaut und nicht auf irgendwelche Geschichten hereinfällt – auch wenn er sich das vielleicht gar nicht anmerken lässt. Darin unterscheidet er sich von gewöhnlich Sterblichen: Denen kann man auf die Nase binden, was man will. Wird die Lüge gut verkauft, fällt jeder drauf rein. Und ein schlechtes Gewissen braucht in der Regel niemand zu haben, denn viele werden ja noch so gerne beschwindelt. Selbst wenn die Haare mit den Augensäcken um die Wette hängen, gehört der Standard-Satz «Du siehst heute aber super aus» ebenso zum Begrüssungszeremoniell wie das Küsschen rechts, Küsschen links, Küsschen rechts. Und wer möchte nicht gerne an sein gutes Aussehen glauben? Eben.

Isa hat das einmal auf den Punkt gebracht: «Ich sage, was du gerne hörst, und du fällst gern drauf rein.» Und das funktioniert praktisch in allen Lebensbereichen: Dein Kind räumt gerade die CD-Sammlung deiner Freundin aus? Die zwingt sich ein Lächeln ins Gesicht und sagt: «Reizend, dein Kleiner» – und hofft, er verlässt bald das Haus. Oder: Du kommst mit dem neuen Porsche Cayenne in den Tennisclub. Deine Tennispartnerin sagt: «Super, dein neuer Wagen» – und denkt sich, dass du erst mal richtig fahren lernen solltest. Aber als stolze Neuwagenbesitzerin willst du es ja gar nicht so genau wissen.

«Entschuldigen Sie bitte, ich habe gerade an etwas anderes gedacht. Wie war Ihre Frage?»

Lasalle wiederholt geduldig: «Wie fühlen Sie sich, wenn Sie heute an Schaufenstern vorbeigehen?»

Nina ist versucht zu sagen, dass sie gar keine Zeit hat für Schaufensterbummel, und wenn überhaupt, dann nur bei Lebensmittelläden oder Küchenbedarf-Ausstattern. Aber rechtzeitig verkneift sie es sich.

«Ich fühle eigentlich gar nichts, ich schau mir die Sachen an, und dann gehe ich weiter.»

«Keine Lust, endlich mal wieder so richtig einkaufen zu gehen?»

«Nein, eigentlich nicht. Wenn ich was brauche, werde ich mich natürlich darum kümmern, in Sack und Asche will ich ja auch nicht daherkommen. Aber ich habe noch so viele Kleider im Schrank ...»

In Tat und Wahrheit sieht es ganz anders aus. Nachdem sie einen Grossteil ihrer Garderobe zu Geld für ihr Geschäft gemacht hat und ein weiterer Teil einfach zu eng geworden ist, hat sie kaum mehr die Qual der Wahl. Fürs Geschäft trägt sie Jeans und T-Shirt, die sich leicht waschen lassen, denn der Küchengeruch, auch wenn es eine sehr feine Küche ist, hängt sich in den Kleidern fest. Und für Partys oder Essen im Restaurant hat sie ein paar wenige Stücke, die immer passen und mit ein paar Accessoires variiert werden können. Eric ist das jedenfalls noch gar nicht aufgefallen.

Lasalle fährt fort: «So wie ich die Lage beurteile, haben Sie Ihr Problem in den Griff bekommen, was sicher auch daran liegt, dass Sie eine sinnvolle Beschäftigung gefunden haben. Was tun Sie denn jetzt mit ihrer freien Zeit?»

Nina überlegt einen Augenblick. Von ihren Geschäften will sie ihm nichts erzählen, das bleibt vorläufig noch ihr Geheimnis.

«Ach, ich tue dies und das, lese viele Bücher» – dass das hauptsächlich Kochbücher sind, spielt ja keine Rolle – «kümmere mich um den Haushalt» – das ist nun wirklich etwas übertrieben – «und bin jederzeit offen für sinnvolle Tätigkeiten.»

«Das freut mich für Sie. Wenn Sie damit einverstanden sind, können wir Ihre Therapie einstweilen als beendet betrachten. Natürlich stehe ich Ihnen gerne weiterhin zur Seite, falls Sie meine Unterstützung brauchen.»

Das glaube ich gerne, denkt sich Nina, für den Lasalle bin ich doch geradezu eine Idealbesetzung. Einmal wöchentlich ein bisschen plaudern, keine Suizidgefahr, keine aggressiven Ausbrüche mit körperlichen Attacken, keine Tränen, keine Verzweiflung und dafür auch noch Geld kassieren.

Der Lasalle hat endlich sein Okay für meine ‹Entlassung› gegeben und Eric mir wieder die Goldcard. *freu*. Ich brauche nämlich dringend ein paar neue Teile für die Küche, sollte die Messer mal wieder schleifen lassen, und die Vorräte an besonders feinen Dingen – Zitronen- und Trüffelöl, Safran, ein paar weitere Gewürze, die wir direkt importieren etc. – sollten ganz dringend aufgestockt werden. Ja, und ehe ich es vergesse: Ein paar Mitbringsel müsste ich auch haben, denn demnächst gibt es einige Anlässe, um die ich mich nicht drücken kann. Die Katja hat uns schon x-mal eingeladen, und immer habe ich eine Ausrede gefunden. Aber jetzt müssen wir wohl in den sauren Apfel beissen. Wie kann man jemandem schonend bei-

bringen, dass man keine Lust auf einen langweiligen Abend hat, ohne beleidigend zu sein? Eben. Das ist unmöglich, also müssen wir da durch.

Wie viele langweilige Partys oder andere Einladungen habe ich in den letzten Jahren über mich ergehen lassen? Ganz schlimm war zum Beispiel die Tupperware-Party bei einer Freundin von Kiki. Aus purer Neugier habe ich mich überreden lassen mitzukommen, weil ich bisher nur von so was gehört habe, aber noch nie dabei gewesen bin. Doch die Begeisterung, die dann die Frauen für diese Plastik-Behälter gezeigt haben, ist mir schon fast ein bisschen krank vorgekommen. Man hätte meinen können, es ginge um Sex-Spielzeug oder so. Frischhaltedosen sind zwar eine praktische Sache, aber in orgiastisches Stöhnen braucht man deswegen noch lange nicht auszubrechen. Der Höhepunkt dieser Veranstaltung aber war die Gastgeberin, die unter anderem etwa zwei Dutzend ganz kleine Tupperware bestellte. Natürlich wunderte ich mich und fragte, wozu sie die denn braucht. Und was sagte sie?

«Ich fülle jeweils meine Gewürze in diese Gefässe um, dann sieht alles so schön einheitlich aus.»

Dass es einem derart langweilig sein kann, dass man in seiner Verzweiflung Gewürze aus kleinen Gläsern in andere kleine Gefässe umfüllt, fand ich erschlagend – das war bei mir in den allerschlimmsten Zeiten nicht so. Demnächst beginnt sie noch ihre Notvorräte alphabetisch zu ordnen. Sie ist wirklich reif für Lasalle.

Bei dieser Gelegenheit hat sich auch noch eine andere geoutet. Anscheinend ist sie der totale Sparfreak, obwohl alleine ihre rechte Hand Schmuck im Wert eines kleinen Einfamilienhauses trägt: Sie stellt ihren Abfall nicht wie alle anderen vor die Tür, sondern nimmt so viel wie möglich mit, wenn sie in ihr Haus in den Bergen fährt. Dort – so ihre einleuchtende Erklärung – gibt es noch keine Abfallgebühren, der Müll kann gratis deponiert werden. Und – schwupp – hat man doch schon wieder fünf Franken gespart. Dass sie ihre Abfallsäcke in einem nigelnagelneuen Audi A8 ins Engadin karrt, macht die ganze Sache noch absurder.

Überhaupt scheint der Geiz, auch wenn es nach aussen nicht danach aussieht, ein ziemlich verbreitetes Übel an der Goldküste zu sein. Die Kinder gibt man zwar gerne an den Mittagstisch, wenn aber zum Beispiel gesammelt wird für ein paar neue Backbleche oder ein Geburtstagsgeschenk für die Mittagstischleiterin, dann rückt kaum jemand was raus. Und beim Wichteln ist Lara einmal mit einer Gratis-Agenda der hiesigen Bank, ein anderes Mal mit einem Bleistift und einem gebrauchten Radiergummi dahergekommen.

Geiz ist aber nicht nur Frauensache. Eric macht sich immer mal wieder lustig über seinen Freund Bruno, der meist zu spät zu den Herrenabenden kommt, damit er sich nicht an den Kosten für die teuren Essen beteiligen muss – er behauptet dann immer, er hätte ja nur ein Dessert gegessen, auch wenn er in Tat und Wahrheit jeweils den ‹Nachschlag› der anderen auch noch verspeist hat. Wenn allerdings einer der Männer Geburtstag hat und traditionellerweise die ganze Runde auf seine Kosten fürstlich bewirten lässt, schlägt Bruno beim Apéro schon kräftig zu. Und wenn es gar nicht anders geht, behauptet er, er hätte sein Portemonnaie in der anderen Hose!!! Also bitte. Übrigens: Bruno ist Millionenerbe und beschäftigt sich *hauptsächlich damit, seine ohnehin schon zahlreichen Immobilien zu vermehren.*

Nun hat sie sie also wieder, ihre Kreditkarte. Eric hat sie ihr so feierlich überreicht, als wäre sie ein Uni-Abschluss oder so ähnlich. Nina dreht sie nachdenklich hin und her: Es ist schon erstaunlich, wie viel in diesem Stück Plastik steckt. Wer eine hat, gilt was, wer keine hat, gilt nichts. Und eine goldene Karte signalisiert im Gegensatz zur gewöhnlichen: Schaut her, ich hab nicht nur Geld, ich habe sogar ganz viel Geld.

Noch vor einigen Monaten ist das für Nina wichtig gewesen – heute ist ihr das egal, sie würde auch eine Postcard benützen, Hauptsache, sie ist gültig und sie kann damit Einkäufe für ihr Geschäft und was sie sonst noch so braucht bezahlen. Und das läppert sich schon ziemlich zusammen. Immerhin verwendet sie feinste Zutaten, die natürlich immer frisch sind. Und ihre zwei Angestellten wollen ja auch regelmässig ihren Lohn bekommen. Bei aller Freude über ihre Selbständigkeit stresst sie die finanzielle Seite schon ein wenig: Werde ich genug Aufträge bekommen, um Jan und Luciana Ende Monat bezahlen zu können? Und was ist mit den Lieferanten? Zwar zahlt sie möglichst oft bar, aber einiges an Rechnungen stapelt sich trotzdem.

Sie bewundert Eric dafür, wie souverän er sein eigenes Geschäft führt. Niemals hat sie ihn darüber klagen hören, dass er nicht weiss, wie er seine Leute bezahlen soll. Gut, in letzter Zeit hat er für seine Verhältnisse recht oft vom harzigen Geschäftsgang gesprochen, aber Nina hat das immer ein bisschen als Show abgetan, die er abzieht, um sich seine ‹geldgierigen Weiber›, wie er sich manchmal halb ernst, halb scherzhaft ausdrückt, vom Leibe zu halten. Aber möglicherweise steckt da doch mehr dahinter.

War Eric in den Sommerferien tatsächlich so beschäftigt, wie er behauptete, oder ist er ganz froh gewesen, nicht einen fünfstelligen Betrag für Familienferien am Meer bezahlen zu müssen? Und die Sache mit Laras Privatschule: Er hat zwar so getan, als ginge es ihm ums Prinzip, aber stand da nicht doch eher das Geld im Vordergrund? Und überhaupt: Dass er derart ausrastet, weil sie shoppingmässig mal ein bisschen über die Stränge schlägt – das ist doch auch untypisch für den coolen Eric. Sitzen sie praktisch auf einem sinkenden Schiff? Nina macht sich echte Sorgen – und auch Vorwürfe, dass sie sich nicht im Mindesten um seinen Geschäftsgang, von welchem sie und die Kinder ja bis vor kurzem total abhängig gewesen sind, geschert hat. Hat Eric das empfunden? Ist er vielleicht sogar enttäuscht darüber, dass seine Hauptrolle in der Familie darin besteht, der Goldesel zu sein?

Jetzt, da sie selber sieht, dass das Geld nicht von allein in die Taschen fliesst, sondern auch Arbeit dahinter steckt – selbst wenn man sie gerne macht –, hat sich ihre Perspektive verändert. Klar, Eric hat bis vor kurzem wirklich fürstlich Geld verdient, und es hat auch nichts gegen einen aufwändigen Lebensstil gesprochen. Aber schon nur die Tatsache, dass er seine Sorgen ihr gegenüber nicht mal andeutet, ist doch Zeichen genug dafür, dass er ihr gar nicht zutraut, ihn zu verstehen und gemeinsam nach Lösungen zu suchen. Eine schlechte Wirtschaftslage ist das eine – eine Frau, die das Geld mit vollen Händen zum Fenster hinauswirft, das andere. Kann es sein, dass auch bei den Schneiders, die im Frühling weggezogen sind, Gucci, Chanel & Co. hinter dem Ruin steckten?

Heute Nacht hatte ich den absoluten Horrortraum. Wir besassen überhaupt kein Geld mehr, kein Ansehen, keine Freunde und wohnten in einer total schlimmen Wohnung in einem Wohnklotz. Wir wurden nur noch ganz selten eingeladen und von anderen einfach übersehen. Niemand hat mit uns geredet, keiner lachte über unsere Witze, es war grauenhaft. Ich traute mich dann irgendwann mal gar nicht mehr aus der Wohnung, so sehr habe ich mich geschämt für unseren Abstieg.

Wer heutzutage arm ist, gilt als Versager – auch wenn ihm das niemand so auf die Nase bindet. Und natürlich misst man sich nicht nach ‹unten›, sondern orientiert sich nach ‹oben›. Weshalb habe ich meinen Traum als Alptraum empfunden? Immerhin hatten wir ein Dach über dem Kopf. Aber das Dach war eben kein Einfamilienhausdach, die Wohnung keine Attikawohnung und die Küche nicht von Bulthaup. Von der fehlenden Garage mit den zwei, drei Autos ganz zu schweigen. Und darum haben die Leute nicht mehr mit uns geredet? Jedenfalls hat mich der Traum den ganzen Tag verfolgt, und ich werde bei nächster Gelegenheit mal mit Eric sprechen müssen.

Auch darüber, dass ich in Zukunft dank meinem Geschäft vermehrt für mich selber aufkommen will und, wenn es wirklich gut läuft, auch ihm unter die Arme greifen kann. Einfach den Spiess umdrehen, warum nicht? Aber vorerst soll das alles noch unter dem Deckel bleiben, bis ich ganz sicher bin, dass ich es schaffe. Obwohl: Kann man jemals sicher sein?

15

«Nina, ich bin im Spital.»

Nina ist sofort hellwach, obwohl es erst fünf Uhr morgens ist. Ihre Hand krampft sich um den Telefonhörer.

«Aber, Eric, was ist denn passiert? Hattest du einen Unfall? Bist du verletzt?»

«Jetzt beruhige dich erst einmal, so schlimm ist es nicht. Ich hatte keinen Unfall …»

«Was machst du denn im Spital?»

«Ich bin in eine Kontrolle geraten und musste ins Röhrchen blasen. Und dann haben die mich ins Spital mitgenommen, um mir eine Blutprobe zu nehmen.»

«Also weisst du, wie oft habe ich dir schon gesagt, du sollst ein Taxi nehmen, wenn du am Herrenabend schon derart viel trinken musst.»

«Das habe ich ja bis jetzt auch meist gemacht, aber ich hätte nicht gedacht, dass ich zu viel getrunken habe.»

«Das meinst du immer.»

Eric sagt gar nichts.

«Und jetzt? Wie geht es weiter?»

«Den Fahrausweis haben sie mir sofort abgenommen, jetzt muss ich schauen, dass ich ihn so rasch als möglich zurückbekomme.»

«Und wie lange dauert es, bis du ihn wieder zurückbekommst?»

«Weiss nicht genau, aber drei Monate sind, glaube ich, das Minimum.»

«Und sonst? Bekommst du eine Busse oder gar eine bedingte Gefängnisstrafe?»

Bei dem Gedanken wird es Nina ziemlich mulmig. Der unangenehme Traum von letzter Woche fällt ihr schlagartig wieder ein.

«Ich weiss doch nicht, was sonst noch alles passiert, ich rufe nachher mal den Luc an, der ist Anwalt und dem ist das ja auch schon passiert.»

«So? Hast du mir gar nicht erzählt, war wohl auch nach einem eurer Herrenabende, was?»

Eric mag darüber nicht sprechen.

«Also, ich muss jetzt Schluss machen.»

«Und wann und wie kommst du nach Hause?»

«Keine Ahnung, wie lange das hier noch dauert, ich ruf dich an, wenn du mich abholen kannst.»

Das musste ja eines Tages so weit kommen. Eric wird von der Polizei abgeführt! Wie oberpeinlich. Und das nur, weil er sich alle zwei Wochen mit seinen Wichtigtuern von Freunden zum Kampfbechern treffen muss. Diese blöden Herrenabende waren mir schon von Anfang an ein Dorn im Auge. Über die Stammtischbrüder im ‹Sonnental› im Dorf unten machen sie sich lustig – ha, die Prolls sind am Saufen –, aber was unterscheidet sie denn voneinander? Gar nichts, ausser dass statt Bier teuerster Rotwein gekippt wird, und statt Bierstängel und Bratwurst gibt es Austern und Rindsfilet. Ansonsten unterscheiden sie sich höchstens noch in der Kleidung, denn ohne feinen Zwirn und gut beduftet geht Eric niemals zu diesen Abenden. Der Gesprächsstoff dürfte ähnlich sein – Politik, Autos, Sport und Sex in beliebiger Reihenfolge – und die Anzahl Promille im Blut am Ende des Abends ebenfalls. Seine Stammtischbrüder sind jedenfalls keinen Deut besser als die Typen im ‹Son-

nental>: Der eine hat bereits den dritten Konkurs hinter sich, ein anderer ist seit Jahren arbeitslos, einer ist starker Alkoholiker und ein weiterer hat gerade seine Geliebte verlassen, weil sie schwanger ist. Nennt man das einen gepflegten Umgang? Trotzdem hängen sie in den Lokalen und Bars die grossen Macker raus, diese Herren, die alles bekommen, was sie wollen, weil sie das Geld und die Macht dazu haben. Eric scheint das nicht schlecht zu gefallen, und meine Kritik verträgt er nicht.

Und überhaupt: Was heisst da Herrenabend? Eliza, die eines Abends im gleichen Lokal war, hat mir brühwarm berichtet, dass sich ein paar dunkelhäutige Schönheiten um die Männer bemüht haben. Eric hat dann zwar alles abgestritten und behauptet, die seien nur zufällig da gewesen, aber das habe ich ihm nicht abgekauft. «Glaubst du wirklich, die interessieren sich für euch, weil ihr so gut aussehende, charmante und geistreiche Männer seid? Sei doch mal ehrlich: Würdest du als Frau dich auch nur eine Sekunde für den Daniel oder den Mike interessieren? Keine Haare auf dem Kopf, dafür eine dicke Wampe, und von witzig oder geistreich schon gar keine Spur. Also bitte, sei doch ehrlich, die finden euch nur toll, weil sie glauben, ihr hättet jede Menge Kohle – und das trifft noch nicht mal auf jeden von euch zu.»

«Das verstehst du eben nicht», war das Einzige, was er darauf zu sagen wusste – und ist weiterhin alle zwei Wochen geschniegelt und parfümiert, mit der obligaten Cohiba in der Brusttasche, Richtung Stadt gefahren.

Mit dem Fahren ist es vorläufig aus, wie Eric bald mitgeteilt bekommt. Zwar hat er als ‹Ersttäter› noch Glück und muss nicht hinter Gitter, aber für drei Monate wird er sich andere Transportmöglichkeiten suchen müssen. Nina passt das überhaupt nicht in den Kram, denn sie ahnt, dass sie es ist, die ihn fortan in der Gegend herumkarren wird, was sie beim Arbeiten arg behindert. Bis jetzt hat alles so gut geklappt: Morgens verlässt sie das Haus, nachdem Frau Molinari eingetroffen ist, und abends ist sie um etwa halb sechs wieder da – kurz bevor auch Lara und Marc von der Aufgabenhilfe heimkommen, die sie gleich nach der Schule besuchen. Eric taucht ohnehin nie vor halb acht auf, und so merkt keiner der Familie, dass Nina tagsüber ihrer eigenen Beschäftigung nachgeht. Und das soll vorläufig auch so bleiben. Nina überlegt fieberhaft, und schliesslich gelingt es ihr, Eric zu überreden, mit dem Zug in die Stadt zu fahren.

«Glaubst du nicht, es sieht ein bisschen seltsam aus, wenn ich dich in dein Büro chauffiere? Da wird doch jeder gleich wissen, dass man dir den Fahrausweis abgenommen hat, und das willst du doch nicht, oder?»

«Ja, aber wie erkläre ich denn jemandem, weshalb ich plötzlich mit dem Zug in die Stadt fahre?»

«Lass dir halt was einfallen.»

Von da an hat Eric jedem, der sich über sein Umsteigen vom Auto auf den Zug gewundert hat, erzählt, die Tiefgarage, in welcher er sein Auto einstellt, werde gerade saniert, sodass er momentan keinen Parkplatz habe. Und obwohl auch Nina niemandem von Erics Fahrausweisentzug etwas gesagt hat, muss sein gesetzeswidriges Verhalten doch irgendwie durchgesickert sein – und hat sich prompt negativ auf Erics Geschäfte ausgewirkt. Dies ist umso schlimmer, als es in den letzten Monaten ohnehin harzig läuft.

Seit letztem Herbst, also seit die Flugzeuge frühmorgens und abends die Goldküste überfliegen und mit ganz ungewohnten Lärmimmissionen zudecken, sind die Liegenschaftspreise rapide gesunken, und so wie es aussieht, ändert sich da demnächst nichts. Viele Hauseigentümer fürchten jetzt, dass ihr Grundstück bald nichts mehr wert ist und die Banken die Hypotheken kündigen und auch keine Kredite für Umbauten oder Renovationen mehr geben. Eric bekommt das zu spüren, denn seine Kunden sind dadurch zurückhaltender mit Investitionen aller Art. Wenn das so weitergeht, wird er in echte Schwierigkeiten geraten. Sein Freund und Treuhänder Martin hat ihn jedenfalls schon mal gewarnt, als sie sich zu einem Business-Lunch trafen.

«Eric, wenn sich die Situation nicht bald beruhigt, dann kannst du Konkurs anmelden.»

«Weiss ich doch, aber dass die Zahlen so tiefrot sind, hätte ich nicht gedacht.»

«Du hast eben ziemlich happige Fixkosten: das teure Büro, ständig jede Menge Spesen und dann noch die vielen Angestellten. Braucht denn wirklich jeder deiner Mitarbeiter eine eigene Assistentin?»

Die Sache mit den Assistentinnen hat sich Eric auch schon überlegt. Eigentlich sollte man von einem Vermögensverwalter – und es sind alles gut ausgebildete Leute in seinem Betrieb – erwarten können, dass er auch in der Lage ist, ab und zu selber ein paar Zahlen einzutippen. Und für Telefon, Empfang, Korrespondenz, Kopien und Kaffee würde auch eine Sekretärin für alle genügen. Aber eine Assistentin ist Prestigeobjekt wie das eigene Büro, USM-Büroeinrichtung, nach oben offenes Spesenkonto oder ein Geschäftswagen der Oberklasse. Würde er die Assistentinnen streichen, dann wäre das in etwa so, wie wenn er die verchromten Bürosessel durch ein paar Plastikklappstühle ersetzen würde.

«Die gehören doch praktisch zum Inventar, die werden nur ausgetauscht, wenn sie schwanger oder älter werden.»

«Das lässt du dir aber einiges kosten.»

«Wie soll ich denn meinen Angestellten erklären, dass ab sofort irgendein Bürodrachen den Kopierer bedienen wird?»

«Das musst du selber wissen, aber wenn du nicht baldmöglichst ein paar fette Aufträge an Land ziehst, dann ist es nicht nur mit den Assistentinnen aus.»

Eric bemüht sich, doch obwohl er sich an den richtigen Orten bewegt – White Turf in St. Moritz, Golfplatz in Zumikon, Zürcher Yacht Club etc. – und dort auch die richtigen, will heissen: finanzkräftigen Leute trifft, kommen die Aufträge nur spärlich herein. Er macht sich wirklich Sorgen um die Zukunft – und da ist die Sache mit dem Fahrausweisentzug wie der erste Schritt in den Abstieg. Ein Pessimist ist Eric zwar nicht, aber er kennt jede Menge Horrorgeschichten: ehemals erfolgreiche, vermögende Männer, die heute als Alkoholiker irgendwo zur Untermiete hausen und vom Sozialamt unterstützt werden. Familien, die vom 12-Zimmer-Haus in die 3-Zimmer-Wohnung gezogen sind, die sie mit dem restlichen Erbe der Frau finanzieren, während der Mann sich seinen Depressionen hingibt und die Kinder sich auf der Strasse herumtreiben. Oder auch die Geschichte von M., der aus einfachen Verhältnissen stammt, viel Geld mit der Herstellung eines bestimmten Teilchens, das in der Computerbranche gesucht ist, gemacht hat und jetzt daran ist, sich und sein Geschäft durch übermässigen Kokainkonsum zu Grunde zu richten. Die Sache mit den Drogen – legal oder illegal – wird gerne unter den Tisch gekehrt. Auch Eric kann nicht verleugnen, dass er in letzter Zeit oft etwas tiefer ins Glas schaut als früher. Bis vor kurzem hätte er mittags niemals Wein getrunken. Allenfalls hätte er dem Kunden zuliebe am Glas genippt, aber er ist immer dafür gewesen, einen klaren Kopf zu bewahren – ausser an den Herrenabenden. Heute bestellt er sich zu seinem Mittagessen im Restaurant ganz automatisch ein oder auch zwei Glas Wein und manchmal zum Espresso einen Grappa. Wenigstens hält er nicht mehr mit, wenn an gewissen Partys einige Gäste immer mal wieder in die Bibliothek oder ins Arbeitszimmer verschwinden, um sich ein Näschen voll Koks reinzuziehen. Bei ihm hat das Pulver meistens Migräneattacken hervorgerufen, sodass er jetzt die Finger bzw. die Nase davon lässt.

Aber wie auch immer: Wenn er bis Ende Jahr seinen Laden nicht wieder auf Vordermann gebracht hat, wird er sich nach einem neuen Job umsehen müssen. Und davor graut es ihm umso mehr, als er sich bewusst ist, dass er in seinem Alter und nach der langjährigen selbständigen Tätigkeit kaum auf Anhieb eine angemessene Stelle finden wird. Zwar hat er gute Verbindungen, aber er weiss aus Erfahrung, dass, wenn es hart auf hart geht, Freundschaft plötzlich gar nichts mehr zählt. Niemand wollte dem Daniel finanziell unter die Arme greifen – obwohl es sich nur um eine kleinere Summe gehandelt hat, die seinen Konkurs hätte abwenden können. Und als Richard in der Scheidung steckte und depressiv wurde, hat sich auch keiner um ihn gekümmert.

Das Einzige, was Eric momentan im wahrsten Sinn des Wortes aufstellt, ist seine persönliche Assistentin. Alicia ist eine schwarzhaarige Schönheit, knapp fünfundzwanzig Jahre alt, die seit einem halben Jahr in seiner Firma ein Praktikum macht. Dieses ist demnächst zu Ende, was man aber von der Beziehung zwischen ihr und Eric nicht behaupten kann – im Gegenteil: Die hat sich in den letzten Wochen eher noch intensiviert. Sie treffen sich jetzt regelmässig zweimal wöchentlich zu einem Schäferstündchen, einmal abends in Alicias Zweizimmerwohnung am anderen Ende der Stadt, einmal über Mittag in einem Hotel. Dieses bietet den gleichen Service wie jedes Stundenhotel – Anonymität, Diskretion, Zimmer stundenweise –, aber es ist einiges eleganter: Die Zimmer sind grösser, die Bettwäsche teurer und in der Minibar steht nicht Sekt, sondern Champagner. Und das Beste: Regelmässige Kunden bekommen einen Code, mit welchem sie direkt aus der Tiefgarage in die richtige Etage fahren können. So riskiert kaum jemand peinliche Begegnungen oder neugierige Blicke. Die Stunden mit Alicia geniesst Eric in vollen Zügen, denn die junge Frau sieht nicht nur gut aus, sondern weiss auch, wie man einen Mann verwöhnt. Als Gegenleistung bekommt sie von Eric immer mal wieder ein kleines Präsent: ein paar handgenähte, hochhackige Pumps, Goldkreolen, ihr Lieblingsparfüm oder ein verführerisches Spitzen-Dessous.

Seit einiger Zeit gibt sich Alicia damit aber nicht mehr zufrieden.

«Ach, Eric», hat sie vor kurzem mit ihrer sanftesten Stimme gesäuselt, «es wäre doch herrlich, wenn wir mal etwas länger zusammen sein könnten.»

«Ja, mein Mäuschen, das müsste wunderbar sein.»

«Warum tun wir es dann nicht?»

«Wie stellst du dir denn das vor? Da müsste ich Nina ja anlügen.»

«Das tust du doch ohnehin schon die ganze Zeit.»

«Was soll ich denn machen? Soll ich ihr etwa von uns beiden erzählen?»

«Warum nicht? Du weisst doch, wie sehr ich an dir hänge, am liebsten hätte ich dich ganz für mich alleine.»

«Du hast doch von Anfang an gewusst, dass ich verheiratet bin und Kinder habe.»

«Kann ich denn etwas dafür, dass ich dich so sehr liebe?»

Ganz ehrlich ist das zwar nicht, aber Alicia ist eine zielstrebige junge Frau, und sie sieht sich sehr viel lieber an der Seite eines vermögenden Mannes in einer schönen Villa als in einem stickigen Büro, wo sie sich mit Aktienkursen, Bilanzen, Dividenden und endlos langen Geschäftsberichten herumschlagen muss.

Eric hingegen will sich auf keine Art und Weise verpflichten. Was er an Alicia wirklich schätzt, ist der Sex mit ihr – mehr nicht. Doch langsam fühlt er sich ziemlich unter Druck.

«Ach, Mäuschen, hab doch ein bisschen Verständnis.»

«Das habe ich doch, aber ich möchte auch mal mit dir zusammen irgendwo hingehen, an eine Party oder einfach nur ins Kino.»

«Aber das geht nicht, das haben wir doch bereits öfters besprochen. Ausserdem will ich dich nicht mit anderen teilen», versucht er es auf die schmeichelhafte Art.

«Ich will aber.»

Jetzt wird Alicia zum trotzigen Kind. Sie verschränkt die Arme und schiebt ihre gut geformte Unterlippe vor. Ein wenig erinnert sie ihn in dieser Pose an Lara mit ungefähr fünf Jahren, als sie unbedingt ein rotes statt das blaue Velo haben wollte – in Rot war es aber nicht mehr vorrätig. Eric schiebt die Erinnerung rasch beiseite und rechnet schon hoch, wie teuer es ihn zu stehen kommt, seine Geliebte weiterhin bei Laune zu halten. Da fällt ihm ein, wie er damals Lara ausgetrickst hat.

«Weisst du, ich finde rot okay, und auch blau ist schön, aber noch viel schöner ist doch das grüne da, findest du nicht?» Und tatsächlich ist Lara darauf eingestiegen und hat später voller Stolz ihr grünes Fahrrad ihren Freundinnen präsentiert.

«Weisst du, Alicia, Kino finde ich schon okay, und auch Partys sind schön, aber noch viel schöner wäre es doch, wenn wir mal ein Wochenende bei mir zu Hause verbringen würden.»

Damit trickst er auch Alicia aus, und ganz begeistert fällt sie ihm um den Hals.

«Wir zwei, fast wie ein Ehepaar, das stelle ich mir herrlich vor», jauchzt sie. «Aber wie soll denn das gehen?»

«Was meine Familie angeht, so überlass das ruhig mir – und im Übrigen darfst du dich einfach mal überraschen lassen.»

Alicia belohnt ihn darauf wie erwartet mit einem ganz besonders zärtlichen Service – und Eric klopft sich vor seinem geistigen Auge auf die Schulter: Einfälle muss der Mensch haben!

Nun geht es nur noch darum, die Familie anderswo unterzubringen, und zwar ohne dass jemand einen Verdacht schöpft. Bei den Kindern ist das kein grosses Problem, denn die übernachten öfters bei Freunden oder sind mit der Schule auf Exkursion. Und tatsächlich sieht er auf dem grossen Jahresplaner, der an der Küchenwand hängt, dass demnächst ein Kreativ-Weekend ansteht, an welchem Lara und Marc teilnehmen. Was da genau gemacht wird, weiss Eric nicht, er kann sich überhaupt nichts darunter vorstellen, aber das ist ja auch egal: Hauptsache, die beiden sind weg.

Mit Nina ist es schwieriger. Die ist zwar auch oft nicht zu Hause, aber er kann niemals sagen, wann sie wo sein wird. Überhaupt fragt er sich manchmal, was sie den ganzen Tag über macht. Bisher hat er immer gedacht, sie sei mit ihren Freundinnen zusammen, sei es zum Shoppen, Kaffeetrinken oder im Fitnesscenter. Aber das ist anscheinend nicht der Fall.

Vor kurzem ist er in der Bar des Golf-Clubs gesessen. Er hat sich dort einen Gin Tonic gegönnt, nachdem er etwas früher Feierabend gemacht hatte. Am Nebentisch hat wie praktisch jeden Abend der Engländer gesessen, der sich nach über 25 Jahren in der Schweiz immer noch standhaft weigert, auch nur ein deutsches Wort zu sprechen. Er hat sich auf Englisch mit einem Golfpartner unterhalten, und dabei haben die beiden genüsslich ihre Whiskys gekippt. Eric wollte sich gerade eben zu ihnen setzen, da tauchte plötzlich Kiki auf – übrigens mit einem sehr gut aussehenden brasilianischen Golflehrer – und erkundigte sich nach Nina.

«Hallo, Eric, wie geht es dir? Und vor allem, wie geht es Nina? Ich habe sie schon ewig nicht mehr gesehen.»

Das erstaunte Eric, und er fragte sich, wo denn Nina die ganze Zeit steckt. Ob sie auch einen so smarten Begleiter hat wie Kiki, der sie so sehr absorbiert, dass sie nicht mal mehr die ‹Weibertreffen›, wie er sie nennt, besucht? Aber natürlich wollte er sich keine Blösse geben, und so liess er sich schnell eine Ausrede einfallen.

«Weisst du, Nina hat ziemlich viel um die Ohren, mit den Kindern, dem Haus und dem Garten und allem. Aber ich bin sicher, eure Treffen fehlen ihr und sie wird, sobald sie es einrichten kann, bestimmt wieder dabei sein.»

«Das wäre schön, denn deine Nina hat sich in den letzten Wochen ziemlich rar gemacht. Wenn ich es mir genau überlege, habe ich sie bestimmt schon über einen Monat nicht mehr gesehen.»

«Das wird sich wieder ändern, ich werde ihr ausrichten, dass ihr sie vermisst, und ganz sicher kann sie es mal wieder einrichten.»

«Das würde uns freuen», rief Kiki und verschwand mit ihrem Golflehrer nach draussen.

Eric beschliesst, Nina von nun an ein bisschen auf den Zahn zu fühlen. Ein paar Tage später kommt er am Abend etwas früher als gewohnt nach Hause. Von den Kindern keine Spur, aber Ninas Wagen steht in der Garage, also muss sie da sein. Da hört er die Dusche rauschen. Seit wann duscht sie denn vor dem Abendessen? Doch schon kommt sie herunter, in einer klassischen Hose und einem weichen, edlen Kaschmir-Pulli. Die Haare, fällt ihm jetzt auf, trägt sie hochgesteckt, was er bisher noch selten an ihr gesehen hat.

«Eric, du schon da?»

Sie wundert sich, das hört er aus ihrer Stimme, aber schwingt da auch ein bisschen mehr als Überraschung mit?

«Ja, hallo, Liebes, ich dachte, wir könnten mal wieder in Ruhe miteinander plaudern, bevor die Kinder kommen.»

«Das ist schön, lass uns doch ins Wohnzimmer gehen.»

Wohnzimmer? Seit wann nennt sie denn den Living-Room ganz profan ‹Wohnzimmer›?

«Ja, gerne, ich hol uns nur schnell was zu trinken.»

Er küsst sie leicht auf den Mund und schmeckt Zahnpasta. Offenbar hat sie sich gerade die Zähne geputzt. Was treibt sie dazu, vor dem Abendessen die Zähne zu putzen? In der Küche überlegt er sich, was hinter ihrem Verhalten stecken könnte. Ein Liebhaber – das ist der erste Gedanke, der ihm kommt. Duschen, umziehen, Zähne putzen, um allfällige Spuren zu verwischen? Jetzt will er es aber genauer wissen.

«Nina, du wirkst in letzter Zeit so abwesend, das meine ich nicht nur psychisch, auch physisch. Mir scheint, du bist kaum mehr zu Hause, ständig unterwegs. Wenn ich anrufe, kann ich dich immer nur auf dem Handy erreichen. Was machst du denn den ganzen Tag eigentlich?»

Nina ist unsicher. Ahnt er etwas? Aber sie hat doch so sehr darauf geachtet, dass niemand merkt, was sie so alles treibt.

«Weisst du, ich bin halt ziemlich beschäftigt. Die Kinder, einkaufen gehen, die Termine bei Lasalle …»

«… das ist ja jetzt vorbei», unterbricht er sie.

«Ja, und ich mag doch nicht ständig hier herumhocken, wo auch die Kinder den ganzen Tag ausser Haus sind.»

«Ich finde es ja gut, dass du etwas unternimmst, ich frage mich nur, was. Kiki, die ich kürzlich getroffen habe, hat gesagt, sie hätte dich ewig nicht mehr gesehen.»

«Kiki habe ich allerdings auch schon lange nicht mehr gesehen», dreht jetzt Nina den Spiess um. «Scheint mir mit dem Golfen doch recht ausgebucht zu sein.»

«Ja, so ist es mir auch vorgekommen, und dann noch ihr smarter Golflehrer ...»

Nun gibt Nina noch eins drauf.

«Ja, der scheint ja viel Zeit in Anspruch zu nehmen. Aber die hätte ich gar nicht, selbst wenn ich wollte. Meine Tage sind so ausgefüllt mit anderen Dingen. Schon allein die Organisation von Einladungen ist ziemlich aufwändig, da soll doch alles perfekt sein.» Richtig gelogen hat sie damit nicht, und Eric scheint beruhigt zu sein. Sogleich nutzt er die Gelegenheit, um ihr ein Angebot schmackhaft zu machen.

«Ja, da hast du wahrscheinlich Recht, ich bin auch froh, dass du dich so um alles kümmerst und mir den Rücken freihältst. Deshalb wollte ich dir vorschlagen, mal richtig schön auszuspannen.»

«Ausspannen? Wie meinst du das?»

«Ich würde dir gerne ein Wellness-Wochenende schenken, so mit allem Drum und Dran. Und wenn du willst, kannst du auch gerne eine deiner Freundinnen mitnehmen.»

Auf Letzteres kann Nina verzichten, aber sich zwei Tage lang so richtig verwöhnen zu lassen, ist doch verlockend: Massage, Thalasso, eine ausgiebige Pflegebehandlung für Gesicht und Haare, Maniküre, Pediküre, eben das volle Programm – das würde ihr gut tun.

«Das ist eine schöne Idee von dir, danke. Ich werde schnell nachschauen, wann es denn passen würde.»

Jetzt kommt es drauf an. Eric muss unbedingt dafür sorgen, dass sie zum richtigen Zeitpunkt weg ist.

«Ich habe mir gedacht, das übernächste Wochenende wäre gut, da sind auch die Kinder nicht da, und ich muss mich ohnehin mit einigen Geschäftspartnern treffen.»

«Ja, wenn du meinst, dann werde ich doch gleich schauen, ob ich im ‹Victoria-Jungfrau› noch was buchen kann.»

Geschafft. Eric ist froh, dass er das unter Dach und Fach hat. Jetzt kann er Alicia endlich das versprochene ‹Ehe-Wochenende› in Aussicht stellen.

16

Mich hat fast der Schlag getroffen: Da bucht doch jemand einen unserer beliebten ‹Verführ-Abende› mit Austern, Champagner, kleinem aphrodisischem Menü und allem Drum und Dran, und wer ist es: **mein Eric!** Der Mistkerl! Erst spendiert er mir ein Wellness-Wochenende, und dann das. Ich doofe Nuss hätte stutzig werden sollen, dass sein ‹Geschenk› zufällig auf das Wochenende fällt, da die beiden Kinder weg sind. Aber nein, ich habe mich sogar noch gefreut, mal kurz ein bisschen auszuspannen, und bereits mit Jan abgesprochen, wie er den Laden ohne mich schmeissen soll.

Aber am Wochenende ist er das ja gewöhnt, weil ich da öfters nicht von zu Hause wegkann. Inzwischen hat er die ganze Sache gut im Griff, und wir besprechen und organisieren auch immer alles rechtzeitig. Jedenfalls komme ich in die Küche und erzähl ihm von dem Wellness-Wochenende, da sagt er, dass genau auf diesen Termin eine Buchung hereingekommen ist. Ich schau mir die Mail an, und es hat mich fast umgehauen. Der Eric, mein Eric, plant offensichtlich ein Schäferstündchen. «Männer sind Schweine» – da hat Lara schon Recht, auch wenn sie diesen Song nicht dauernd derart laut aufdrehen sollte. Aber die hört gar nicht mehr zu, wenn ich ihr etwas sage. In diesem Alter existieren Mütter für die Teenies überhaupt nicht mehr; das Einzige, was sie wahrnehmen, ist deren Garderobe und der Kosmetikschrank. Aber darum geht es jetzt nicht. Da habe ich ständig (zugegeben, nicht **wirklich** ständig) ein schlechtes Gewissen gehabt, als ich mit Paul zusammen

*war, und mein Ehemann bucht klammheimlich und ohne
rot zu werden ein aphrodisisches Menü für sich und seine
Tussi. Der Gipfel, so was!*

*Nachdem ich mich einigermassen beruhigt hatte, habe
ich mit Jan und Luciana beratschlagt, wie ich jetzt reagieren soll. Und gemeinsam sind wir zu einer Lösung gekommen.*

Als Eric an diesem Freitag nach Hause kommt, sind wie
erwartet sowohl die Kinder wie auch Nina bereits weg.
Eric gönnt sich erst mal einen Whisky, dann überzeugt er
sich davon, dass das ‹à discrétion›-Team seine Vorbereitungsarbeiten gut gemacht hat. Den Tipp hat er von seinem Freund Luc bekommen, der sowohl vom Essen als
auch vom übrigen Service begeistert gewesen ist. Auf der
Homepage hat er das Angebot studiert und ist sofort überzeugt gewesen: Das ist genau das Richtige. Er hat nämlich
keine Lust, erst stundenlang die Spuren seiner Familie aus
seinem Heim zu entfernen und dann auch noch den Kochlöffel zu schwingen. So hat er möglichst rasch per E-Mail
gebucht, und jetzt ist er gespannt, was auf ihn zukommt.
Die Zimmer sind sauber aufgeräumt, das Bett ist frisch be-
zogen, Ninas Kleinkram auf dem Nachttisch verschwunden, der Esstisch mit feinstem Leinen und Silber gedeckt,
und im Kühlschrank stehen wie vereinbart der Champagner sowie ein paar frische Austern. Das aphrodisische
Menü wird dann etwas später angeliefert, und zwar in speziellen Warmhaltegefässen, sodass sie danach den ganzen
Abend über ungestört sind.

Bald darauf erscheint auch Alicia. Eric öffnet schnell
die Garage, damit sie ihren Wagen hineinfahren kann. Es

braucht ja nicht jeder zu wissen, dass sie das Wochenende hier verbringt.

«Hallo, mein Schatz, wunderschön siehst du aus.»

«Danke. Ich freue mich ja so auf unser gemeinsames Wochenende.»

Alicia hat sich fest vorgenommen, alles zu tun, dass dieses nicht das einzige bleibt, und sich deshalb sogar ein neues Set Reizwäsche gekauft. In dieser Beziehung hat auch Eric vorgesorgt. ‹A discrétion› hat auf seinen speziellen Wunsch hin das Beate-Uhse-Überraschungspaket geordert und unauffällig im Schlafzimmer deponiert. Am liebsten hätte er das alles gleich jetzt schon ausprobiert, aber bis es so weit ist, stehen ihnen noch ein paar Genüsse der kulinarischen Art bevor.

«Ein Glas Champagner? Ein paar Austern?»

«Ja, gerne, darf ich mir inzwischen das Haus ansehen?»

«Nur zu, fühl dich wie daheim.»

Alicia streift wie ein neugieriges Kind durch die Räume: Im Esszimmer steht ein langer Klostertisch aus dunklem Holz, darüber hängt ein riesiger alter Kronleuchter. Die Küche interessiert sie weniger, denn um einen Mann, der von ihr Küchendienste erwartet, würde sie sich bestimmt nicht reissen. Das Schlafzimmer ist in etwa so, wie sie es erwartet hat: gross, flauschiger beiger Teppich, ein riesiges Doppelbett und zarte Satinbettwäsche. Im Badezimmer beeindruckt sie die eingelassene runde Badewanne mit den Mosaikstufen drum herum, und das Ankleidezimmer füllt sie vor ihrem geistigen Auge bereits mit ihrer eigenen Garderobe. Weiter kommt sie mit ihrer Besichtigungstour allerdings nicht, denn Eric ruft sie zum Apéro. Die Austern hat er bereits in der Küche geöffnet – er ist in diesen

Dingen nicht sehr geübt und möchte vor Alicia keine Blösse zeigen. Immerhin hat ihm ‹à discrétion› nicht nur das Austernmesser und einen Handschuh bereitgelegt, sondern auch ganz diskret eine Anleitung, wie sich die Muscheln am leichtesten öffnen lassen.

«Dann lass uns auf unser erstes gemeinsames Wochenende anstossen, liebe Alicia, es ist so schön, dass du hier bist.»

«Auf unser Wohl, Eric-Schätzchen, und auf unsere gemeinsame Zukunft.»

Eric nimmt schnell einen kräftigen Schluck vom Pomméry. Irgendwie scheint Alicia hier einiges misszuverstehen. Er will Spass und Sex und keine zweite Ehefrau, das ist ihm ganz klar, aber in diesen Worten kann er das Alicia ja nicht sagen. Ist doch egal. Was jetzt zählt, sind die nächsten paar Stunden, und was nachher kommt, das wird man ja sehen.

Dann klingelts an der Tür.

«Nina – du? Wo kommst denn du her? Und weshalb bringst du unser – äh – mein Essen?»

«Du brauchst dich gar nicht zu verstellen, mein Lieber, ich weiss sehr wohl, was gespielt wird. Aber willst du mich nicht hereinlassen?»

Es hätte gerade noch gefehlt, dass jetzt Eliza zufällig um die Ecke gebogen wäre.

«Selbstverständlich, warte, ich helfe dir mit dem Servierwagen.»

«Nicht nötig, ich kann das schon.»

«Aber wie kommst du dazu? Ich verstehe das alles nicht.»

Ein bisschen tut er Nina schon Leid, wie er da herum-
stottert, für einmal nicht mehr der ‹Mann von Welt›. Und
das bekommt natürlich auch die konsternierte Alicia mit.

«Willst du mir nicht diese junge Frau vorstellen?»

«Also, ähm, also Nina, das ist Alicia, sie macht ein Praktikum in meinem Büro. Alicia, das ist meine Frau Nina.»

Nina wirft einen schnellen Blick auf die schöne Alicia.

«Das Praktikum beschränkt sich sichtlich nicht auf dein
Büro, wie ich aus deiner Bestellung schliessen muss, mein
Bester.»

Alicia ist die Sache mindestens ebenso peinlich wie Eric.
Zwar weiss sie nicht, weshalb Erics Frau hier mit dem Essen
aufgetaucht ist, aber entgegen ihren Erwartungen ist Nina
nicht einfach eine alternde, unscheinbare Ehefrau, die bloss
das Geld ihres Ehemannes unter die Leute bringt und ansonsten nicht viel zu bieten hat, sondern eher das, was in
den Medien als Powerfrau bezeichnet wird: voller Energie,
strahlend, selbstbewusst – und dann auch noch richtig gut
aussehend. Leuchtende Augen, kaum Falten, glänzende,
volle Haare, die sie hochgesteckt hat, und ein beneidens-
wertes Dekolleté. Ziemlich viel Sexappeal, wie selbst die
junge Alicia zugeben muss.

«Also, ich schlage vor, Fräulein Alicia macht jetzt einen
Abgang, sodass wir zwei uns in Ruhe unterhalten können.»

Eric weiss immer noch nicht, was er sagen soll, aber Alicia hat kapiert, schnappt sich ihr Täschchen, und noch bevor sie aus der Haustür ist, ist Eric für sie als potenzieller
Ehemann gestorben. Mit dem würde sie in Zukunft ihre
Zeit ganz bestimmt nicht mehr verplempern.

«Ein schönes Wochenende», sagt sie spitz, schlägt die
Tür hinter sich zu und ist aus Erics Leben verschwunden.

«So, und nun zu uns beiden.»

Nina sieht Eric, der in seiner Verlegenheit richtig jung und unbeholfen wirkt, direkt in die Augen.

«Ich schlage vor, du bereitest mal den ersten Gang vor, während ich mich umziehe. Es gibt ein Avocadomousse mit frischen Flusskrebsen. Du brauchst nur die Chromstahldeckel von den Tellern abzuheben und zu servieren. Das Baguette findest du in der Serviette im Silberkörbchen, es ist noch warm und bereits geschnitten.»

Dann verschwindet sie nach oben und erscheint keine zehn Minuten später in einem hinreissenden, tief ausgeschnittenen Kleid, hohen Schuhen und mit wenig Schmuck.

Eric traut seinen Augen nicht. Schon an der Tür ist Nina ihm vorgekommen wie eine Fremde, was ja vielleicht auch an dieser ungewohnten Arbeitskleidung gelegen haben mag. Aber auch jetzt erinnert ihn nur noch wenig an ‹seine› Nina, die Frau, die sich bis vor kurzem hauptsächlich fürs Shoppen interessiert hat. Sie hat so ein gewisses Etwas bekommen.

«Wunderschön siehst du aus» – der gleiche Satz wie vor etwa einer halben Stunde – «darf ich zu Tisch bitten?»

«Also Eric, wir kennen uns lange genug, sodass wir auf Lügen verzichten können. Du hast dir ein paar schöne Stunden mit deiner ‹Praktikantin› gemacht, ich habe inzwischen ein eigenes Geschäft aufgezogen.»

«Das ‹à discrétion› gehört *dir?*»

«Genau, und darauf bin ich stolz.»

«Warum hast du nichts gesagt? Ich habe gar nichts gemerkt davon.»

«Wahrscheinlich warst du zu beschäftigt mit der schönen Alicia.»

«Aber wie bist du zu diesem Geschäft gekommen?»

Nina erzählt ihm die ganze Geschichte, während sie den zweiten Gang, ein würziges Lammcurry mit Mandelreis, serviert.

«Und wie schaffst du es, dass du praktisch anonym bleibst? Das ‹à discrétion› ist doch bereits ziemlich bekannt.»

«Ja, das kannst du laut sagen, und unter meinen Kunden hat es auch Bekannte von uns – die ich dir natürlich nicht verrate. Der Trick am Ganzen, das sagt ja auch der Name, ist nämlich die absolute Diskretion. Du kannst per E-Mail buchen, und auf ausdrücklichen Wunsch siehst du nicht mal jemanden vom Personal.»

«Und das hast du ganz alleine aufgezogen?»

«Die Idee ist von mir, aber dank Paul, das ist der Koch, dem ich damals geholfen habe, weil seine Assistentin eine Autopanne hatte, und seiner Küche und meinen beiden Assistenten habe ich es auch durchziehen können.»

Dass Paul in Ninas Leben noch eine andere, wichtige Rolle gespielt hat, mag sie jetzt nicht weiter erörtern. Die Geschichte ist vorbei, aber wer weiss, vielleicht wird sie sie eines Tages Eric ‹beichten›.

Eric schaut Nina voller Bewunderung an.

«Weisst du, das finde ich richtig toll. Ich habe immer gedacht, dir liegt hauptsächlich was am Shoppen, am Freundinnen-Treffen und dann noch an deinem Aussehen. Dass du aber ein eigenes Geschäft auf die Beine stellst, hätte ich dir nicht zugetraut.»

«Ja, und dann läuft es auch noch wie verrückt.»

«Das kann ich von meinem leider gar nicht behaupten.»

«Weshalb hast du nie was gesagt?»

Eric nimmt einen Schluck Wein und überlegt.

«Einerseits mochte ich natürlich nicht zugeben, dass ich nicht so erfolgreich bin, wie es scheint. Und anderseits wollte ich euch nicht damit belasten.»

«Und deshalb hast du so ein Theater abgezogen mit der Kreditkarte, Laras Schule, ihrem Geburtstag und was sonst noch allem?»

«Ja, denn das ist doch eine einfache Rechnung: Wer mehr ausgibt, als er einnimmt, ist irgendwann ruiniert. Und weil plötzlich nicht mehr ganz so viel hereingekommen ist, musste ich eben ein bisschen auf die Ausgaben achten.»

«Und ich dumme Nuss habe deine Sparmassnahmen als einen persönlichen Affront betrachtet, also wirklich …»

Sie schauen einander lange an, und für einen Augenblick sind beide etwas ratlos.

«Und», fragt Eric schliesslich, «wie soll es jetzt weitergehen?»

Nina beschliesst, grosszügig zu sein – immerhin hat sie in Sachen Treue auch nicht eine ganz weisse Weste.

«Ich schlage vor, wir vergessen die Alicia und schauen, ob wir nicht mehr füreinander sein können als bisher. Die Rolle der bequemen und abhängigen Ehefrau will ich nicht mehr spielen, und dir ist es vielleicht auch recht, wenn du nicht nur der Goldesel in meinem Leben sein darfst, was meinst du?»

Eric betrachtet seine schöne, selbstsichere Frau und fragt sich, wie er auf die absurde Idee gekommen ist, sie zu betrügen. Aber trotz aller Bewunderung für Nina bleibt auch ein Rest Skepsis: Kann es wirklich sein, dass sich Nina in so kurzer Zeit derart verändert hat? Gut, sie hat mit viel Elan, Ideen und Risikofreude ein eigenes Geschäft aufgezogen. Doch das läuft erst seit ein paar Monaten. Wird sie auch noch mit solch einer Begeisterung dahinter stehen, wenns mal nicht so rund läuft? Vorläufig ist Nina jedenfalls nicht mehr abhängig von ihm – im Gegenteil: Wenn es so weitergeht, dann ist er es, der ihr auf der Tasche liegt. Und das gerade jetzt, nachdem sie ihn bei seinem Seitensprung ertappt hat. Peinlich, peinlich.

«Unser Zusammenleben ist in letzter Zeit tatsächlich nicht gerade inspirierend gewesen», meint Eric nachdenklich. «Glaubst du, dass wir daran etwas ändern könnten?»

«Wenn uns beiden daran liegt …»

Das Dessert, Ingwersorbet mit Prosecco, haben wir verschoben, um sofort abzuklären, ob nicht doch noch ein Feuerlein brennt. Und das hat es in der Tat. Ich weiss nicht, ob wir beide dazugelernt haben oder ob es an was anderem gelegen hat. Jedenfalls war es eine stürmische und ausgesprochen befriedigende ‹Wiedervereinigung›. Eric scheint mich mit anderen Augen zu sehen, und auch ich habe eine Seite an ihm entdeckt, die ich lange nicht mehr gespürt habe: verführerisch, zärtlich, zuvorkommend, aber auch wild – eben überhaupt nicht wie der typische Ehemann. Ich glaube, wir könnten uns wieder ineinander verlieben.

17

Wie eine Touristin schlendert Nina die weihnächtlich ge-
schmückte Bahnhofstrasse hinunter. Wann war sie zum
letzten Mal hier? Und kann es tatsächlich sein, dass sie früher so viel von ihrer Zeit in den Edelboutiquen hier verbracht hat? Es ist noch kein Jahr her seit der Sache mit
ihrer Kreditkarte – und heute steht sie da, eine erfolgreiche, wenn auch anonyme Geschäftsfrau, die für sich selber sorgen kann und in keiner Weise mehr abhängig ist
vom Bankkonto ihres Ehemannes. Nina ist stolz auf sich,
und sie ist glücklich.

*Ich habe es schon total vergessen gehabt, das aquamarin-
blaue Twinset aus Seide und Kaschmir, das damals alles
ausgelöst hat. Und heute bin ich zufällig in der Stadt auf
genau dieses Teil gestossen. Da ist mir schon einiges hoch-
gekommen, war ja nicht immer ganz einfach, die Zeit, aber
heute bin ich zufriedener als in den letzten 20 Jahren. Und
um das zu feiern, habe ich mir das Twinset gekauft – mit
meinem selber verdienten Geld.*

Fünf Jahre später

Ninas Geschäft ‹à discrétion› läuft gut und bringt genügend ein, sodass sie den Lebensstandard der Familie aufrechterhalten kann. Das ist auch nötig, denn Eric musste vor vier Jahren Konkurs anmelden und probierte dann dies und das, bis jetzt ohne grossen Erfolg. Abgesehen davon muss er gut auf Nina aufpassen, weil auffallend viele junge Köche ihr assistieren wollen.

Eliza hat (angeblich) eine weitere Weiterbildung begonnen und steht nach wie vor unter totalem Stress, wie sie gebetsmühlenmässig immer wieder betont. Ihr Mann hat deshalb sogar einen Job, durch den er sehr viel öfters zu Hause sein könnte, abgelehnt. Auch wenn er Eliza vielleicht noch liebt, allzu häufig erträgt er die ‹Nervensäge›, wie er sie heimlich nennt, nicht.

Claudia oder besser: ihr Mann hat das Inneneinrichtungsgeschäft gegen eine Galerie ausgetauscht, die sie nach kurzer Begeisterung ähnlich desinteressiert führt wie ihren vorherigen Laden. Immerhin profitiert Nina von diesem Branchenwechsel, indem sie jeweils die Häppchen für die Vernissagen anliefert – natürlich immer noch inkognito.

Katja hat vor lauter Pathologisierung ihrer vier Kinder jetzt selber ein Problem. Seit über einem Jahr ist sie zweimal wöchentlich bei Lasalle wegen ihrem Wasch- und Zählzwang in Therapie – leider bisher erfolglos. Allerdings bleiben so ihren Kindern manche Abklärung und einiges an Förder- und Stützunterricht erspart.

Kiki hat sich beim Golfen eine Schulter-Arthrose geholt und kann ihren geliebten Sport jetzt nicht mehr ausüben. Sie hat diverse Alternativen wie Bridge, Kunst sammeln oder sich im Lions Club engagieren ausprobiert und schliesslich ihre Passion im Rosenzüchten gefunden – unter Anleitung eines attraktiven, jungen Gärtners, der sie vermutlich nicht nur in die Geheimnisse der Rosenzucht einweiht.

Dr. Lasalle verdient sich nach wie vor mit den kleineren oder auch grösseren Neuro- und Psychosen seiner Goldküsten-Klientel eine goldene Nase. Noch zwei Jahre, hat er sich ausgerechnet, dann wird er seine Praxis schliessen und sich dem Dolcefarniente in einer schicken Villa an der Côte d'Azur hingeben.

Glossar

Austern
Muscheln, die lebendig direkt aus der Schale geschlürft werden. Feinschmecker bevorzugen die französischen Belon-Austern oder die englischen Colchester. Ab ca. Fr. 6.– pro Stück.

Bisque
Cremige Suppe, die Krustentiere wie Hummer oder Scampi, Gemüse und Rahm enthält. Wird hauptsächlich in französischen Restaurants serviert. Ab ca. Fr. 12.– pro Portion.

Blinis
Kleine Pfannkuchen aus Buchweizenmehl, ursprünglich aus Russland. Werden oft zu Kaviar oder Räucherlachs gegessen. Eine Portion Beluga-Kaviar mit Blini kostet ca. Fr. 60.–.

Botox
Nervengift, das zur Lähmung der Muskulatur führt. Wird auch zur Bekämpfung von Gesichtsfalten angewendet. Bei Überdosierung kommt es zu einem starren Gesichtsausdruck, Hängelidern etc. Ab ca. Fr. 800.–.

Chanel-Kostüm
Klassiker aus den fünfziger Jahren, der immer wieder überarbeitet wurde. Typisch: Die markante Borte als Abschluss von Kanten und Tascheneingriffen. Originale waren früher an goldenen Knöpfen mit dem CC-Signet zu erkennen (gilt heute nicht mehr unbedingt). Ca. Fr. 3500.–.

Cohiba
Königin unter den kubanischen Zigarren aus erlesensten Tabakblättern, ursprünglich den Diplomaten vorbehalten. Ca. Fr. 30.– pro Stück.

Deckchair
Wetterfester Liegestuhl, meist mit Teakholz, der den Liegestühlen auf den Luxuslinern nachempfunden wurde. Ab ca. Fr. 1500.–, Sitzpolster ab ca. Fr. 300.–.

Gault-Millau
Guide Gault-Millau ist der renommierte Restaurant- und Hotelführer für Feinschmecker und Geniesser. Je mehr Punkte, desto teurer. Ein komplettes Menü in einem solchen Restaurant gibt es ab ca. Fr. 200.–, ohne Getränke.

Involtini
Gefüllte Kalbfleischröllchen, oft serviert mit Polenta oder hausgemachter Pasta. 100 g Kalbfleisch kosten ca. Fr. 7.–.

Living-Room
Ein Art ‹Stube› mit der Grundfläche einer Viereinhalbzimmer-Wohnung; typisches Inneneinrichtungselement: Sessel von Le Corbusier LC2 für ca. Fr. 3000.– das Stück.

Louis Vuitton
Tasche mit typischem LV-Logo und goldenem Schlösschen. Die allerkleinste LV-Tasche ist etwa so gross wie ein stattliches Portemonnaie und kostet rund Fr. 600.–. Haarschmuck-Würfel (Hair Cubes) sind aus Plastik. Ab ca. Fr. 60.–.

Lunchtime Peel
Mit verschiedenen Methoden wird die oberste Hautschicht im Gesicht und am Hals entfernt, was Altersflecken, feine Falten, unreine Haut etc. zum Verschwinden bringt. Die

Behandlung ist so schonend, dass man sie auch über Mittag (Lunchtime) machen lassen und sich danach wieder unter die Leute begeben kann. Eine Behandlung kostet ungefähr Fr. 500.–.

Marsano

Edle und traditionsreiche Blumenhandlung im Hotel Savoy Baur en Ville am Zürcher Paradeplatz. Bietet unter anderem auch Daueraufträge: «Senden Sie uns die Geburtstagsliste Ihres Personals, wir kümmern uns darum, dass jeder Mitarbeiter rechtzeitig seinen Geburtstagsstrauss bekommt.» Kleine Blumensträusschen ab Fr. 50.–.

Mitgebsel

Brauchtum: An Geburtstagen erhält jeder Gast vor dem Nachhausegehen ein kleines Geschenk, meist verpackt in kleinen, bunten Geschenkstüten. Ab ca. Fr. 10.–, je nach Inhalt.

Sideboard

Eine Art Kommode, mit offener oder geschlossener Front, auf Rollen, mit Glasauflage etc. Ein Sideboard von USM kostet rund Fr. 3000.–.

Sorel-Stiefel

Nordpoltaugliche Winterstiefel von der Kinder- bis zur Herrengrösse. Der untere Teil ist aus PVC, der Schaft aus Leder und das Futter aus einer Art Filz. Frauenmodelle ca. Fr. 300.–.

Sportboote

Bösch und Pedrazzini sind die Edelmarken unter den Motorbooten. Sie werden ganz aus Holz gefertigt. Ein Bösch-Motorboot gibt es ab ca. Fr. 120 000.–, eines von Pedrazzini ab ca. Fr. 250 000.–.

Sprüngli-Truffes

Extrafeine Schokoladen-Truffes mit weisser, heller oder dunkler Schokolade, exklusiv erhältlich bei der Confiserie Sprüngli. 220 g gemischte Truffes kosten Fr. 25.–.

Tahiti-Perlen

Stammen aus der Südsee, sind hellgrau bis schwarz und oft grösser als normale Perlen. Ein Collier mit mittelgrossen Perlen gibt es ab ca. Fr. 30 000.–.

Terracotta

Tonerde aus der Toscana, aus welcher mit aufwändigen Verfahren hochwertige Pflanzgefässe gefertigt werden. Ein klassischer, unverzierter, winterharter Tontopf mit einem Durchmesser von 30 cm kostet etwa Fr. 150.–.

Tod's Slipper

Flache Ledermokassins mit Noppensohle, in diversen Farben, Materialien und Ausführungen erhältlich. Das Paar für ca. Fr. 360.–.

Tupperware

Frischhalte-Boxen aus Plastik. Die so genannten Gewürz-Zwerge fassen 120 ml und kosten rund Fr. 10.– pro Stück.

Twinset

Das klassische Twinset besteht aus einem kurzärmligen Rundhals-Pulli und einem Jäckchen in der gleichen Farbe. Typisch sind auch Perlmuttknöpfe und edle Materialien wie Kaschmir und Seide. Twinset aus Merino-Wolle ab ca. Fr. 120.–.

White Turf

Pferderennen, die an drei Sonntagen im Februar auf dem gefrorenen St. Moritzer See stattfinden. Wetteinsätze: Fr. 300 000.–.